국제협력 전문가를 위한 역량강화 비법노트

우직하게 성장하는 학습법

김진희

박영story

머리말

국제사회에서 한국은 경제력, 과학기술력, 외교력, 문화예술 분야의 소프트파워 등 포괄적인 영역에서 괄목할 만한 영향력을 발휘하고 있다. 과거 근대화의 물결 속에서 외국 문물을 수용하고 바깥세상을 시찰하기 위해서 안목을 넓히는 '견습'(見習)의 위치였다면, 이제 대한민국은 국제무대에서 주요 회의 안건을 선정하고, 리딩하면서 전 세계의 다양한 나라 및 국제기구의 참여를 이끌어내고 의제를 조정하는 '플레이어'(player)로서 역할을 당당히 수행하고 있다. 이를 상징적으로 보여주는 조처로서, 2021년에 개최된 제68차 유엔무역개발회의(UNCTAD)에서 한국의 선진국으로의 지위 변경 안건이 만장일치로 가결되었다. 개발도상국에 속했던 나라가 선진국으로 지위를 변경한 것은 기구 설립 이후 57년 만에 처음 있는 일이라는 점에서 우리나라의 국제적 위상을 읽을 수 있다. 또한 2010년 한국사회가 OECD 개발원조위원회(DAC: Development Assistance Committee)* 에 가입하면서 국제개

* 개발원조위원회는 국제사회 원조의 90% 이상을 담당하는 주요공여국 모임이자 OECD 3대 위원회 중의 하나로, 우리나라는 일본에 이어 아시아 두 번째로 DAC 회원국으로 참여하게 되었다(외교부, 2009).

발협력 현장에서 활약하게 될 전문인력에 대한 수요는 기하급수적으로 늘어났다.

이처럼 중요한 대외환경 변화 속에서 이 분야에 투신하고 역량을 발휘하는 인재 양성은 질적으로 성장했는지 의문이다. 20대에 커리어를 설계하고, 직업의 세계에서 자신의 역량을 펼쳐내야 하는 청년들에게 국제협력 분야는 선명한 비전을 구체적으로 보여주지 못했던 것이 사실이다. 대학을 졸업한 수많은 청년이 모색하는 공기업, 사기업 취업 등 일상에서 자주 접하는 익숙한 분야가 아니기에, 국제협력 분야와 국제개발협력은 불모지 또는 미지의 세계로 인식되기도 했다.

그렇지만 국제협력 분야에 활약할 인재에 대한 수요는 더욱 폭증하고 있다. 더욱이 급변하는 국제질서하에서 미국-중국 관계의 격돌, 러시아-우크라이나 전쟁 속에서 신(新)냉전 체제로 돌입한 것이 아닌가 하는 관측이 이어지면서 역설적으로 글로벌 협력과 연대의 필요성은 더욱 커지고 있다. 2022년 6월에 열린 주요 7개국(G7) 정상회의에서는 앞으로 개발도상국의 인프라를 구축하는 데 약 777조 원을 투자한다는 성명서까지 발표했다. 그렇다면 누가 참여하고, 누가 실무를 이끌어갈 것인가? 바로 국제관계를 기민하게 읽을 줄 아는 지성과 자신의 전문성을 기반으로 전방위적으로 글로벌 파트너십을 맺어갈 수 있는 교섭력을 갖춘 국제협력 분야의 인재들이다.

이 책은 '국제협력'이라는 포괄적 용어를 사용하고 있으나, 실질적인 협력의 장에서는 협의의 개념인 '국제개발협력'(international development cooperation) 분야의 전문가로 성장하기 위해 청년 개인이 갖추어야 하는 필수 역량을 강화할 수 있도록 실질적인 길잡이를 제공한다. 국제개발협력 전문가는 국제기구와 선진국의 이해관계를 확장하기 위해서 일하는 사람이 아니라, 그동안 불평등하게 '기울어진 운동장'에서 발전하지 못했던 개발도상국(developing country)의 경제적 발전과 사회적 번영을 위해서 참여하는 사람이다. 그런 의미에서 이 분야의 전문가는 주권국가의 정부와 국제사회에서 조성된 공적 기금을 통해서 국제사회의 번영을 도모하는 상호협력 사업을 기획, 실행, 분석하고 나아가 성과를 모니터링하는 프로페셔널(professional)을 의미한다.

그렇다면 이 분야에 관심을 가진 청년들이 자신의 적성을 찾고 새로운 길로 뻗어갈 수 있도록, 우리 사회는 어떠한 지원을 해왔는가? 그중에서도 대학은 중요한 역할을 담당해왔다. '국제' 혹은 '글로벌'이라는 이름을 달고 있는 학부 수준의 특수학과, 국제대학원 등이 불모지 분야에서 기본기를 닦을 수 있는 중요한 기능을 수행한 것은 사실이다. 그렇지만 필자는 이 분야에서 커리어 쌓기를 희망하는 청년들을 지난 10년간 수백 명을 만났지만, '적어도 필자가 만나본' 청년들 가운데 국제학 관련 분야를 공부한 졸업생의 글로벌 역량이 특출하거나, 이미 기본기를 갖춘 준비된 인재라는 인상을 받지 못했다. 국제 분야를 학부에서 전공한 졸업생들은 대부분 '대학에서 많은 경험을 기대했지만 역량을 쌓지 못했다'라는 아쉬움을 토로하는 경우도 많았다. 4년을 공부했지만 어떤 분야로 취업해야 할지를 고민하거나, 자신의 실력이 부족하다는 속내를 털어놓는 청년들이 다수였다. 오히려 전혀 관련 없는 학과를 졸업했지만, 대학 졸업 이후, '자기 혁신적 학습'으로 다양한 실무 역량을 쌓은 사람들의 활약이 주목받기도 하였다.

이 책은 필자가 교육학자로서 국제무대에서 한국의 교육의제를 끌어올리는 다양한 활동 경험을 바탕으로 집필되었다. 또한 열악한 개발도상국가에서 국제협력 연구사업을 추진하며 평가·컨설팅을 하고 자문 활동을 하면서 얻게 된 생생한 경험을 재구성하여 집필되었다. 지금 이 책을 읽는 청소년, 대학생, 청년, NGO의 실무자, 기업인들은 국제협력 무대에서 대한민국의 위상이 지금과 달랐던 선배 세대의 경험과 영향력을 뛰어넘어, 더욱 광활한 다자협력 세계에서 대전환을 이끌어갈 미래 세대이다. 국경은 존재하지만, 우리는 언제든 국경을 넘어서 사고하고 행동할 수 있는 더욱 확장된 유동성의 세계에 살고 있다. 여러분이 펼쳐갈 국제무대가 더욱 기대된다.

그렇다면 이제 무엇을 해야 할까? 형식교육을 넘어서, 비형식 학습, 일상의 무형식 장면에서부터 여러분은 끊임없이 배우면서 지식, 기술, 태도, 감수성을 연마하여 준비되어야 한다. 굳이 대학에서 국제관계, 국제협력, 정치외교 등의 공부를 하지 않았더라도 전문가로서 역량을 키울 수 있는 길은 열려 있다. 세계무대에서 자신의 꿈을 펼치고자 하는 청년들에게 먼저 많이 '깨져본' 선험자로서 들려주는 멘토링이 되기를 바라는 마음으로 이 글을 완성하였다.

우리나라의 국제적 위상과 글로벌 영향력이 커진 반면, 여전히 국제협력 인재들을 위한 일자리 생태계는 열악하다. 이에 대한 구조적인 혁신과 전략적인 지원이 필요하다. 이러한 문제의식을 품고 이 책은 국제무대에서 당당하게 활약하는 청년들이 갖추어야 할 실전 역량을 키울 수 있는 나침반이 되고자 한다. 국제기구에 진출하는 길을 알려주는 매뉴얼도 아니고, 국제무대에 필요한 화려한 화술과 협상의 전략을 보여주는 책도 아니다. 오히려 이 책은 끊임없이 담금질하면서 자신의 힘을 단단히 키우는 길, 1만 시간의 법칙처럼 부단한 노력으로 우리가 스스로 자기 혁신을 이룰 수 있는 역량을 키우는 내실 있는 방법론을 보여주고자 한다.

이 책을 통해서 여러분의 성장판이 한 뼘 더 자랄 수 있기를 바라며, 국제협력의 실천 현장에서 자신만의 열매를 맺고, 그 열매가 점차 더불어 살아가는 풍성한 나무와 숲을 이루어갈 수 있기를 소망한다. 한 치 앞도 알 수 없는 불확실성이 펼쳐지더라도, 세상이 아무리 각박하고 소란스럽다고 하더라도 인류 보편의 가치를 지켜나가는 지성인들이 국제협력 무대의 주인공이 되기를 바란다.

이 책은 이탈리아에서 집필을 시작해서 일본에서 탈고를 마쳤다. 해외 대학에서 연구 연가를 보내며 또다시 책을 쓰고 있는 나를 발견했다. 책을 집필하면서 흰머리가 늘어가는 것은 선명하게 보였지만, 하얀 노트북 화면은 쉽사리 채워지지 않는 느린 시간들이 많았음을 고백한다. 이 책에 담지 못한 수많은 에피소드, 이론과 실전의 경계 위에서 숱하게 고민한 시간들, 따뜻한 환대의 손을 내밀어 준 사람들, 나를 아프게 성장시킨 이야기들은 요즘도 꿈에서 흐릿하게 재연되곤 한다. 국제개발협력 현장에서 마음을 열고 소통해준 많은 청년들, 불안하지만 우직하게 자신의 진로를 향해 걸어가는 사람들에게 이 책이 작은 디딤돌이 되기를 소망한다.

늘 고마운 분들이 많다. 완성되지 않은 생각의 타래가 출간될 수 있도록 한결같이 지원해주시는 노현 대표님, 영민한 실력과 우직한 열정으로 고된 편집작업을 도맡아준 이아름 편집자께 감사드린다.

읽고 또 읽어가며 수정을 반복하는 지난한 교정 작업을 함께 하며 어깨를 토닥여준 나의 연인에게도 특별히 고마운 마음을 전한다.

2023. 1.
저자 김진희

목차

PART

01

국제협력 현장에서 필요한 기초 역량

제1장

Knowledge

: 세계를 읽는 지성의 연마

1. 국제사회를 읽는 눈

: 국제지식과 정보의 안테나를 예민하게

침대에서 눈을 뜨자마자 핸드폰부터 확인하고 잠들기 전까지 각종 디바이스를 손에서 놓지 않는 현대인들은 정보의 홍수 시대에 살고 있다. 거대한 홍수 속에서 다양한 지식과 정보를 접하는 경우도 있지만, 내가 찾는 나의 취향만을 편향적으로 반영한 콘텐츠만을 접할 가능성이 높다. 당장 자신의 유튜브 추천 영상을 보면 알 수 있다. 알고리즘을 통해서 개인의 취향과 관심사를 반영한 유사 콘텐츠가 당신 앞에 저절로 재생될 것이다. 이로 인해 자신이 접하는 세계가 전부로 보일 수 있고 익숙한 것을 편애하면서 고체와 같이 굳은 사고방식을 가질 가능성은 더 높아진다.

국제협력 분야에서 전문가로 성장하고 싶은 청년들의 열망과 눈빛은 남다르다. 다양한 강의와 수업을 통해서 만나는 그들은 늘 전문가가 되기 위해서 무엇을 해야 하는지, 석사와 박사는 어디서 공부하는 게 나은지, 앞으로 어떻게 해야 국제 분야에서 전도유망한 인재로 성장할 수 있는지 등 큰 고민과 질문들 속에서 허우적대고 있다.

나는 청년들에게 '작은 것부터 실천할 준비는 하고 있는가?'라는 질문을 던진다. 국제기구에 진출하고 글로벌 무대를 종횡무진하는 전문가가 되고 싶다는 포부는 있지만, 막상 국제사회를 읽는 기본 지식과 이해의 수준은 낮다.

무엇부터 공부할 것인가? 당장 국제관계의 고전 같은 이론서부터 읽으라고 권하고 싶지 않다. 가장 중요한 것은 관련 분야를 비판적이고 다각적으로 인식하는 문제의식이다. 이러한 문제의식은 어떻게 키울 수 있는가? 매일 일상 속에서, 자주 국제뉴스 등을 통해서 해외 여러 나라의 정치, 경제, 사회, 문화의 주요 흐름을 접하는 것이 중요하다. 그 나라에 가서 체험하는 직접 경험도 있지만, 우리에게는 편리하고 신속한 각종 해외뉴스 채널이 넘친다. 그렇다면 이를 어떻게 활용할 것인가? 귀로 듣고, 눈으로 한

번 보고 흘려버릴 것이 아니라, 펜을 들고 내가 인식하는 국제뉴스의 그림을 그려보자.

우선 관심 있는 분야의 뉴스를 통해 얻은 사실을 키워드를 중심으로 나열해보고, 빈칸을 채워가는 밑그림을 그려본다. 거기에 전문가들의 해석과 분석을 통해 색을 칠하여 한 그루의 나무를 완성한다. 점차 분야를 넓혀 많은 나무를 심게 되면 어느 색 작은 숲이 형성되어, 점차 거시적인 글로벌 체제의 구조를 파악할 수 있게 된다. 나무의 위치, 시기에 따른 색, 각 나무 사이의 관계까지, 모든 것은 한 그루(분야)의 나무에서부터 시작해야 한다. 그렇게 점차 국제사회를 향한 '관심의 안테나'를 세워나가는 실천적 노력이 중요하다.

당장 우리가 익숙한 미국의 CNN, 영국의 BBC, 중동의 Al Jazeera 등 다양한 외신 뉴스를 온라인으로 구독하고 매일 일상적으로 정보를 읽고 들으며 접해보는 노력부터 시작하길 바란다. 'RSS 서비스'를 이용하여 뉴스 피드를 받으면 효율적으로 뉴스를 볼 수도 있다. 페이스북이나 인스타그램의 새 소식을 보는 것처럼, 바쁜 일상 속에서도 관련 정보와 동향을 파악할 수 있는 학습 환경에 노출되는 것이 중요하다.

비록 나는 한국의 작은 지역과 지방에서 살고 있고, 내 주변에는 국제문제가 무엇인지 도통 관심 없는 사람들 사이에 둘러싸여 있다고 한들, 당신의 지식 안테나가 국경 넘어까지 뻗어있다면, 더 이상 장애물은 없다. 유일한 장애물이 있다면 그것은 당신의 귀찮음(귀차니즘)일 것이다. 그것을 이겨내고 매일 30분씩 시간을 할애하고, 국제문제를 접하면서, 점차 문제의식을 키워가다 보면 국제사회를 읽어내는 '당신의 시각'이 달라지는 것을 느낄 수 있을 것이다. 우리가 매일 영향을 받는 외환시장, 유통과 물류에 지대한 영향을 주는 기름값, 식탁 위에 올라오는 각종 음식의 원산지만 살펴봐도 이미 그야말로 거대한 글로벌 연결성을 가진다는 것을 다시금 자각하게 될 것이다. 처음에는 흥미를 가지고 단편적인 지식을 편식해도 좋다. 그러다가 점차 관심의 층위와 깊이를 넓혀가면서 국제사회의 '체제'와 '역동성'을 파악해나갈 필요가 있다.

그야말로 정보의 홍수 속에서 살아가는 우리는, 스스로 이해하고 필요한 자료를 찾아서 읽고, 편집하고, 해석할 수 있는 통찰력을 쌓아가야 할 것이다. 자신만의 글로벌 지식을 학습하고, 효과적으로 활용하여 국제무대의 실천 현장에서 '지식을 나의 자산'(knowledge as an asset)으로 만들어나가야 한다. 왜냐하면 일의 세계에서 맞닥뜨리는 현실을 예측하지 못한 변화와 불확실성이 언제나 상존한다. 이럴 때 자신이 다각적으로 축적한 지식의 힘과 통찰력은 든든한 안전벨트가 되어 당신의 보폭을 넓혀줄 수 있다. 그 자산을 만들어가는 시작은 일상의 작은 학습활동에서 비롯된다.

1일 1실천학습

1. 국제뉴스, 시사 정보, 글로벌 동향 리포트를 매일 접하는 학습환경 만들기
2. 유튜브, 팟캐스트 등 다양한 스트리밍 서비스를 통해 온라인 콘텐츠 구독하기
3. 방대한 시사 정보를 듣고 나의 생각을 '한 줄 요약' 키워드로 정리하기
4. 외국어로 읽고, 쓰고, 말하는 기본적 의사소통 역량 중 특히 미진한 부분이 무엇인지 진단하고, 매일 꾸준히 업그레이드하기
5. 외국인과 소통에 자신이 없다면, 자신의 스피치를 녹음하고 셀프 모니터링하기
6. 원어민의 유창한 언변에 주눅 들지 말고, 분명한 발음으로 의사소통 연습하기

매일 30분씩 시간을 할애하고, 국제문제를 접하면서,
점차 문제의식을 키워가다 보면 국제사회를 읽어내는
'당신의 시각'이 달라지는 것을 느낄 수 있을 것이다.
우리가 매일 영향을 받는 외환시장, 유통과 물류에
지대한 영향을 주는 기름값, 식탁 위에 올라오는 각종 음식의
원산지만 살펴봐도 이미 그야말로 거대한 글로벌 연결성을
가진다는 것을 다시금 자각하게 될 것이다.

2. 세계체제와 국제관계를 비판적으로 통찰

: 세계체제론 뒤집기

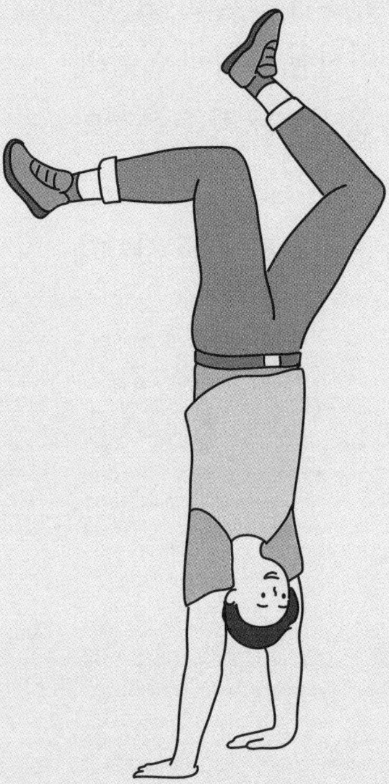

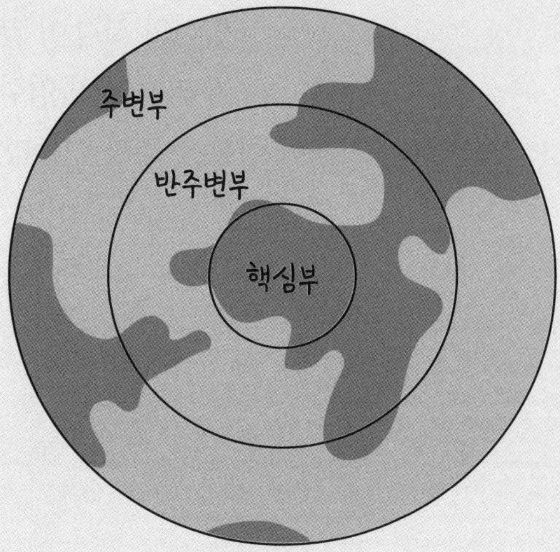

역동적인 세계체제를 뒤집어 생각하고
비판적으로 살펴보기!

나는 영국에서 박사과정을 밟으면서 비싼 학비가 아깝지 않았던 점이 하나 있었다면, 그곳에선 세계적으로 저명한 학자들의 특강과 세미나가 수시로 열렸다는 것이다. 그야말로 나의 무지함을 직면하고, 지적인 자극을 듬뿍 받을 수 있는 기회였다. 관련 분야를 공부하는 영국 전역의 대학원생들에게 이러한 기회는 제한 없이 열려 있었다. 긴 학위 과정에서 뿌연 안개처럼 잡히지 않는 지적 갈증을 해소하는 데 자극이 되었던 시간이었다.

어느 날 런던정경대에서 '세계사와 아시아의 자유'라는 주제로 강연이 열렸다. 나를 제외한 참석자 대부분은 정치학을 공부하는 대학원생이었다. 강연자의 발표 이후 모든 참석자는 자유롭게 질의응답을 하면서 논의를 이어갔다. 그런데 토론에 참여한 옥스퍼드 대학의 한 교수가 1941년 진주만 폭격 사건이 없었다면 일본 제국의 패망은 늦어졌을지도 모른다는 주장을 했다. 세미나에 청중으로 참여한 일본인 박사과정생에게 그 교수는 '일본인으로서 이 주장에 대해서 어떻게 생각하는가?'라는 질문을 했다. 그 학생은 청중의 시선을 받더니, 금세 얼굴이 붉어지면서 몹시 당황한 모습을 보였다.

"죄송하지만, 저는 그 역사를 정확히 모릅니다."

참석한 모든 사람이 눈빛을 교환하며 서로 당황스러운 표정을 지었다. 질문한 교수는 놀랍다는 표정으로 다시 물었다.

"당신은 런던까지 와서 정치학과 박사학위를 밟고 있다고 했는데, 자기 나라가 제2차 세계대전에서 어떤 일을 자행했는지 모른다는 말입니까?"

대답하는 일본 유학생도, 질문하는 영국 교수도, 이 장면을 지켜보는 모든 참석자까지 집단적으로 당황했던 기억이 스친다. 나는 이 광경을 목격하면서 역사를 알지 못하는 사람에게, 역사의 진실을 부정한 선조들에게 눈가림을 당한 무지한 유학생의 모습은 빙산의 일각이지 않을까 하는 추론을 해보았다. 단순히 왜곡된 과거사를 가르치는 일본 우익의 문제가 아니다. 석사든, 박사든 학위를 성공적으로 취득했다고 해서 국제정치와 국제사회를 다층적으로 이해하는 눈이 자동으로 생기는 것이 아니다.

국제협력 분야에서 실천전문가로 활약하고 싶은 청년들에게 나는 1970년대와 1980년대 걸쳐서 발표된 임마누엘 월러스타인(Immanuel Wallerstein)의 세계체제론(World-Systems Theory)[1]을 반드시 일독하라고 권한다. 세계경제의 불평등한 메커니즘을 구조적으로 분석해서 이론의 탑을 쌓아 올린 세계체제론은 15세기부터 17세기 초까지 유럽의 경제사 및 사회사를 새로운 안목으로 종합하였다.[2] 유럽 문명의 산물로써 근대 자본주의가 발생하게 되었고 이를 종속하고 유지할 수 있었던 강력한 구조를 빈국과 부국 사이에서 나타나는 경제적인 지배-종속 관계를 역사적으로 분석하고 있다. 계란으로 비유하자면, 가장 '중심부'(core)라 할 수 있는 계란 노른자에 서유럽, 그 주위에 존재하는 흰자에 '반주변부'(semi-periphery), 그것들을 둘러싸고 있는 껍데기에 '주변부'(periphery)가 있다. 이러한 삼중 구조는 강력한 체인으로 연결되어 서구 유럽의 지배력을 확대해왔다. 예컨대 많은 식민지를 거느린 영국, 프랑스, 네덜란드 등 부유한 국가들이 있는 중심부는 곡물, 원자재, 광물들을 주변부로부터 수탈하고 공급받았고, 주변부는 정치구조나 경제활

1 Wallerstein, Immanuel Maurice, 1930-2019. (2004). World-systems analysis: an introduction. Durham: Duke University Press.

2 강철구. (2007.12.18). 월러스틴의 세계체제론. 프레시안.

동, 노동지배 양식에서도 중심부에 예속되어 지대한 영향을 받게 되었다.

오늘날 국제개발협력에서는 더 이상 '제3세계'라는 서구적 개념 규정의 잔재를 사용하지 않는다. 그렇지만 월러스타인의 세계체제론에서는 주변부가 곧 선진자본주의 국가군으로 칭해지는 제1세계와 공업화를 달성한 소련/동구권을 일컫는 제2세계를 제외한 나머지 아시아, 아프리카, 라틴 아메리카를 제3세계로 규정한다. 주변부의 빈곤과 예속은 중심부가 설계한 구조 때문이다. 중심부-반주변부-주변부 사이의 착취와 예속관계를 어떻게 해체하고 불균형을 전복할 것인가는 가장 큰 난제라 할 수 있다.

제국주의를 통해서 수많은 식민지를 종속시키고 거느렸던 중심부는 지금도 건재하다. 국제협력의 실천 현장에서 일하게 될 청년들은 수많은 질문과 비판적 사유를 해야 할 것이다. 세계체제론의 구조를 전복시키고 과거를 혁신할 수 있는 길이 존재할까? 결국 힘은 과거의 주변부였던 개발도상국 내부의 국민들로부터, 시민사회의 아래에서부터 나와야 한다. 그런데 누가, 어떻게 이를 가능케 할 것인가?

나는 UN급 다자간 국제회의를 통해서 여러 아프리카의 리더들을 만날 계기가 있었다. 그들 대부분은 훌륭한 영어를 구사하며, 영국과 프랑스에서 유학하여 엘리트 코스를 밟은 정치 명문가의 자제였다. 그들과 대화를 하면서 이들이 과연 자국의 민중을 위해서 얼마나 신념을 가지고 치열하게 글로벌 플랫폼에 참여하는지 의문이었다. 멋진 건물을 짓고, 사통팔달의 통신망을 깔고 사회적 인프라를 확장시켜주는 것도 중요하지만, 결국은 그 나라를 변혁시키는 것은 교육받은 인재이다. 인재를 키워내기 위해서는 양질의 교육이 가장 중요하다. 과연 아프리카 교육의 고질적 문제를 해결하고, 모든 어린이를 위한, 시민들을 위한 질 높은 교육을 실천할 강력한 의지가 있는지 의구심이 들 때가 많다.

오히려 세계체제론의 삼중고리는 코로나19라는 전대미문의 위기 이후 더욱 견고화되는 형세를 보이고 있다. 4차 산업 혁명을 필두로 한 눈부신 정보혁명의 변화 속에서 개발도상국의 빈곤과 불안정은 오히려 두드러지고 있다.

국제개발협력에서 공적개발원조 기금이 보다 정의롭고 평등한 세계체제를 만들 수 있을까? 왜 자신이 태어난 땅을 등지고 새로운 삶터를 찾아 탈출하는 난민들은 주변부에서 가장 많이 발생하는가? 오랜 시간 동안 견고하게 자리 잡아온 세계체제론의 유물과 잔재들을 혁파하는 힘은 어디서 나와야 할 것인가?

국제협력 전문가가 갖추어야 하는 비판적 사고와 절차

1. 사태를 평면적으로 인식하지 않고 질문하기
2. 문제를 정의하기
3. 유사한 문제를 연계-추론하기
4. 데이터와 논거를 통해서 분석하기
5. 평가하고 진단하기
6. 통합적 시각으로 해석하기

국제관계를 이해하기 위해서 세계체제론을 현대의 맥락에서 전유하여 비판적으로 해석하고, 국제관계의 헤게모니(hegemony)와 힘의 구조를 읽어내는 것이 중요하다. 우리 안에서 무의식적으로 도사리고 있던 선진국에 대한 사대주의, 백인 우월주의를 배격하기 위해서 서구 중심의 근대성을 비판적으로 해석하는 탈식민주의적 접근(post colonial approach)이 필요하다. 이러한 접근은 지금까지 국제질서 속에서 막강한 강자로 군림하고 있는 서구의 우위와 진보에 대해서 비판적으로 접근하도록 하는 지성의 힘을 길러주고, 급변하는 21세기에 새로운 국제협력의 모형을 우리 청년들이 만들어가야 한다는 책무의식을 가능케 한다.

한국은 이제 OECD의 원조공여국가 위원회의 회원국이다. 서구사회를 추격해서 국제개발협력 모델을 차용하고 모방할 것이 아니라, 국제사회의 판을 우리의 방식으로 읽어내고 현재의 판을 재구성하는 힘이 필요하다.

1일 1실천학습

- 지성인으로서 최소한 알아야 하는 세계사, 현대사, 역사 필독서 틈틈이 읽기
- 일상에서 '나'와 '세계'의 관계, 국제사회의 연관성과 상호의존성이 무엇인지 습관적으로 탐구하며 시야를 넓히기
- 대화는 우리의 생각을 정리하는 통로이므로, 동일 분야에 관심을 가진 친구, 지인, 동료들과 지속적으로 소통하기

제국주의를 통해서 수많은 식민지를 종속시키고 거느렸던
중심부는 지금도 건재하다.
국제협력의 실천 현장에서 일하게 될 청년들은
수많은 질문과 비판적 사유를 해야 할 것이다.
세계체제론의 구조를 전복시키고
과거를 혁신할 수 있는 길이 존재할까?
결국 힘은 과거의 주변부였던 개발도상국 내부의 국민들로부터,
시민사회의 아래에서부터 나와야 한다.

3. 국제정세를 다층적으로 인식
: 대학교육에서 마스터해야 할 기초 역량

국제역량,
'기다림'이 나을까? '일상의 학습활동'이 나을까?

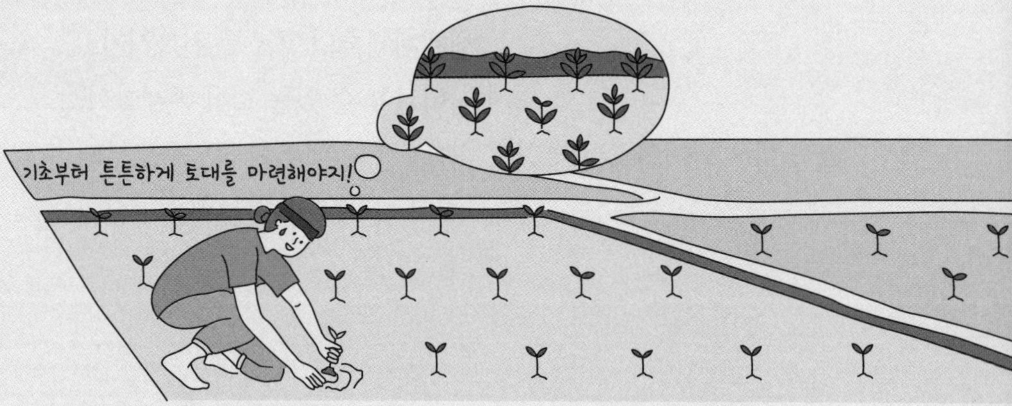

오늘날 교육자들은 학생들을 가르치면서 비슷한 고민을 토로한다. 초중등학교의 교사들부터 대학교육을 일임하는 교수들까지 전공 분야와 상관없이 공통적으로 '요즘 학생들이 긴 글을 읽거나 써내지 못한다'라는 것이다. 이러한 교육계의 우려와 성토들이 EBS의 <당신의 문해력>을 탄생시킨 배경이라고 할 수 있다. 심지어 고등교육 기관에 진학한 대학생들도 카드 뉴스, 한 줄 요약, 2배속으로 영상 보기에 익숙한 나머지, 체계를 갖춘 긴 글을 읽어내지 못한다. 읽으면서 글의 맥락과 의미를 스스로 해석하는 경험을 하지 못했기 때문에, 남들이 대신 요약해주는 카드나, 제목과 굵은 글씨체의 헤드카피에 의존하여 대충 추측하는 경우가 다수이다.

국제협력 분야에 입문하는 청년들에게도 이 같은 현상이 나타나고 있다. 단순히 글을 읽는 문해력의 문제가 아니라, 변화하는 국제정세를 다층적으로 인식하고 통합적으로 사고하는 능력이 필요하다. 글로벌 동향을 지속적으로 리뷰하고 관련 분야를 통찰하는 역량을 키워가면 된다.

이러한 사고는 어떻게 형성될 수 있을까? 사실 답은 이미 대학교육에 있다. 반드시 국제학 관련 학과를 전공하거나, 국제학부에 진학하지 않더라도 상관없다. 어떤 분야의 전공이라도 해당 전공 교과와 교양 교과에서 배운 것을 '나의 지식'으로 소화시키면 된다. 대학에서 배운 내용을 나의 지식으로, 나의 필요와 맥락으로 해석하는 힘이 밑바탕이 되어야 한다. 이러한 토대를 기반으로, 다양한 국제 프로젝트 기획서를 작성, 사업 발굴 등 현업에서 잘 적응할 수 있다. 나아가 국제협력 사업의 전달 체계를 잡아나갈 수 있는 것이다. 즉, 국제무대에서 일하기를 희망하는 청년들이 중요하게 습득하고 무장해야 하는 지식의 체계들은 대학교육을 통해서 길러질 수 있다. 아니, 길러져야 한다. 그동안 비싼 학비를 내서 약 130학점을 들으면서 4년간 고등교육기관에서 공부하지 않았는가? 그런데 현실은 어떠한가?

적어도 필자가 만난 국제개발협력 분야에 관심을 가진 대졸자들, 해외봉사단, 인턴 경험이 있는 주니어 가운데 '적지 않은 수'의 사람들이 자신의 생각을 체계화해서 하나의 글로 완성하는 것(쓰기)을 어려워하며, 방대한 문건들을 읽고 논리적으로 이해하는 것(읽기)을 어려워하며, 타인들과 다양한 주제에 대해서 합리적으로 소통하는 것(말하기)을 어려워하는 모습들이 매우 자주 포착되었다. 이 분야에 종사하는 전문가들도 요즘 청년들이 높은 스펙은 가지고 있지만, 역설적으로 현업에서 활용해야 하는 기초 역량이 떨어지는 현상에 대한 우려의 목소리를 내기도 한다. 물론 우리에게는 대학교육 이후에 다양한 배움의 길을 활짝 열려 있다. 코이카의 인재 양성 프로그램, 지자체와 시민단체교육가 주관하는 세미나, 연수 등 평생교육 차원에서 진행되는 실용적인 콘텐츠도 다층적이다. 그러나 대학을 다니고 있는 청년들이, 혹은 대학에 진학 예정인 청소년들이 4년의 귀한 시간을 보내는 고등교육의 의미를 잘 생각하기 바란다. 대학에서 국제사회의 지성인으로 거듭날 수 있는 기회를 가볍게 여기지 않고 적극적으로 활용하기를 바라는 마음이 간절하다. 이러한 점을 강조하면서, 나는 대학교육 이후 국제협력 분야의 전문가가 되기 위해서 지식의 확장 측면에서 무엇을 해야 할지를 짚어보고자 한다.

첫째, 전략적 읽기와 해석은 국제협력 분야에 종사하는 사람들에게 상황 판단력을 증진시킬 수 있는 힘이다. 하나의 국제사업을 발굴하고 추진하는 데도 수많은 문건이 존재한다. 정책 문건, 국제협약서, 유관 분야 선행사업의 보고서, 평가 결과서, 국제기구의 사업 평가서, 국제시민단체의 성명서, 논문 등 다양한 문건의 위치를 파악하고, 그 의미를 파악하는 것이 중요하다. 즉 맥락을 읽어가는 것이다. 모든 문건을 전부 논거(logical evidence)로 삼으면서, 하나하나 인용할 수 없다. 문건 간의 중요도와 위계성, 연관성을 파악하고, 사업 추진의 지도를 짜나가는 것이 필요하다.

둘째, 매우 폭넓은 자료지만 전략적으로 읽어가는 힘(board but strategic)이 필요하다. 이미 대부분의 4년제 대학은 졸업에 필요한 최소이수학점을 130학점 이상으로 설정하고 있다. 4년간 다양한 교과를 배운 학생들에게 전략적 읽기는 필수적인 기술이라 할 수 있다. 이를 보건대 현업에서 다양한 문건들을 독해하고, 내가 필요한 국제개발협력 사업 영역에서 효과적으로 활용하고 논거를 제시하는 것이 중요하다.

셋째, 문제를 해결하고 핵심에 접근하기 위해서 자료의 취합과 통합을 하는 훈련이 지속적으로 필요하다. 다양한 자료를 단순히 '읽는' 행위에 그칠 것이 아니라, 자료와 문건별로 분류하고, 유목화(categorization)하면서 나 스스로 필요한 정보와 요점을 편집할 수 있도록 해야 한다. 이러한 활동이 축적되면서 경험과 노하우가 더욱 쌓여나갈 수 있다.

넷째, 자료의 분석과 해석을 대담하게 시도하는 것이 중요하다. 자료에 대한 문해력은 다양한 내용을 내가 스스로 정의, 이해, 해석, 창작, 그리고 소통하는 영역까지 포함한다. 국제협력 분야의 현업에서 매일 쏟아지는 자료들을 어떻게 활용할 것인지가 중요하다. 어떤 자료는 국제정세를 파악하고 수원국과 파트너국의 동향을 파악하는 단편 지식용으로 활용할 수 있지만, 어떤 문건은 자료 뒤에 숨은 맥락과 어조를 파악하여 스스로 해석하고 편집하려는 시도가 필요하다.

국제 분야의 예비 인재들에게 필요한 것은 통합적 사고 역량과 다층적인 인지 역량이다. 이를 위해서 전략적으로 읽고, 맥락적으로 해석하고, 제2, 제3의 부가 역량을 창출하는 것이 필요하다. 그중에서도 폭넓게 읽은 자료와 문건을 나의 지식으로 소화시키고 활용하여, 이를 다시 내가 쓴 문건으로 작성하는 능력은 또 하나의 파워풀한 역량이라 할 수 있다. 이 같은 역량은 곧 의사소통 역량이라 할 수 있다. 단순히 상대방과 대화를 효율적으로 이어나가고, 명확하게 의견을 주고받는 테크니컬한 수준의 기술이 의사소통 역량이 아니다. 우리는 국제협력의 실무 현장에서 다양한 전문가, 정책가, 현지 관계자, 사업 파트너들을 만나게 될 것이다. 그들과 메일을 주고받고, 화상회의를 하고, 공동 프로젝트를 개발할 때도 내가 배우고, 읽었던 자료들을 맥락적으로 활용하면서, 문건을 효율적으로, 의미 있게, 임팩트 있게 작성하는 능력은 매우 중요하다.

실전에서 필요한 전략적 읽기와 자료 해석 역량강화법

1. 일터에서 필요한 다양한 문건들의 위치, 중요성, 의미 파악 (contextualizing)
2. 폭넓은 자료를 접하면서 동시에 전략적으로 읽기(broad but strategic)
3. 다양한 자료의 취합과 통합 시도(try to enjoy reading)
4. 대담한 분석과 해석 시도(bold analysis and interpretation)
5. 읽은 자료를 나의 지식으로 소화하고 정리된 문건으로 작성하기 (digesting knowledge)

반드시 국제학 관련 학과를 전공하거나,
국제학부에 진학하지 않더라도 상관없다.
어떤 분야의 전공이라도 해당 전공 교과와 교양 교과에서
배운 것을 '나의 지식'으로 소화시키면 된다.
대학에서 배운 내용을 나의 지식으로,
나의 필요와 맥락으로 해석하는 힘이 밑바탕이 되어야 한다.

4. 국제학 전공을 하지 않더라도, 경험의 자산화
: 일상의 자기학습

일상의 다양한 활동이 학습자원이자 경험

나는 지난 10년간 국제개발 분야에 관심을 가진 많은 청년을 대학에서, 특강을 통해서, 해외 사업의 평가 현장에서 만나보았다. 강의를 통해서 만나는 청년들에게 내가 준비한 이론과 방법론만 전달하지는 않았다. 언제나 '질의응답', '토론과 소통' 시간을 따로 마련해서 고민이 많은 청년들의 질문을 환영했고 우리는 소통할 수 있었다. 가능한 한 최선을 다해서 그들의 모호하고 불안한 질문에 마음을 다하며 대답했고, 개발도상국으로 향하는 청년들의 마음속에 공통의 질문들이 있는 것을 알게 되었다. 그중에서 처음 이 분야에 입문하는 청년들이 제기하는 역량 개발에 대한 질문들은 두 가지 정도로 압축되었다.

"박사님, 저는 국제분야로 진출하고 싶지만 전공이 걸립니다. 제가 대학을 다닐 때 국제관계나 국제학을 전공하지 않았는데 경쟁력이 있을까요?"

"국제협력 분야에서 전문성을 쌓기 위해서는 제너럴리스트(generalist)가 되어야 할까요? 대학원에 진학해서 전문가가 되어야 할까요?"

첫 번째 질문은 국제협력의 실무에 참여하는 데 있어서 자신의 준비도(readiness)를 돌아보는 질문이며, 두 번째 질문은 역량을 키우기 위해서 어떤 길을 선택해야 하는지 임파워먼트(empowerment, 역량강화)의 방법을 요구하는 질문이다. 두 질문은 모두 중요하다. 나는 여기서 두 가지 모두를 다루고자 한다.

국제개발협력은 인간과 사회의 발전을 다루는 포괄적인 분야이기에 그야말로 학문 간의 칸막이를 뛰어넘는 간학문적 접근이 중요하다. 학부 수준에서 국제학 관련 분야를 전공하지 않고 현장에 참여하는 경우가 오히려 다수라 할 수 있다. 현업에서는 국제분야를 학문적으로 전공하지 않았다고 열위에 있거나 뒤처진 사람이 되는 것은 아니다. 물론 학부 시절부터 국제관계, 세계체제 등을 배웠다면 이미 체화된 지식이 높을 가능성이 있기에 유리한 것은 사실이다. 그런데 개발도상국 현장에서 실무자의 역량을 평가하거나 컨설팅을 하면서 만난 인력 중, 국제학을 전공하지 않았지만 능수능란하게 실무를 처리하는 사람들이 오히려 다수였다. 그렇다면 이들은 어떻게 경쟁력을 키워갔을까? 나는 이들이 미국의 철학자 듀이(Dewey)가 말한 '행함에 의한 학습'(learning by doing)을 꾸준히 '머리'와 '몸'에 새기며 역량을 키워갔다고 생각한다. 그것이 곧 실천 지식이자, 실행 역량이 되는 것이다.

존재하는 모든 인격체는 그 자체로서 학습의 주체이며, 인간이 일상에서 매일 일구어가는 삶이 곧 학습의 과정이다(Jarvis, 2010). 자비스(Jarvis)의 이론에 따르면 개발협력 현장에 참여한 실무자들은 배움을 이어가는 유기체(learning agency)이며, 그들이 현장에서 부딪히면서 직면하게 되는 사건, 이슈, 에피소드 등 경험의 일체로 인해 기존에 가지고 있던 지식과 정보에 균열을 일으키게 된다. 이러한 과정을 통해서 우리의 기존 관념, 사고방식, 지식 활용의 방식을 재구성하게 되며, 도전적인 상황에 놓이면서 자신의 역량을 키울 수 있도록 계기가 된다. 다시 말해, 경험은 우리의 자산이며 성장 동력이 된다.

교과서에 나오는 지식과 형식교육 체제에서 습득한 이론으로 중무장하지 못했더라도, 개발협력 사업의 현업에 참여하면서 역량을 키워갈 수 있다. 맡은 과업을 수행하고, 도전 과제를 맞닥뜨리며, 고민하고, 해결하는 그 모든 경험이 곧 실천가에게는 학습이 되는 것이다. 다시 말해, 경험을 통해서 지식을 재구성하고, 실천을 통해서 자신의 경험을 하나의 자산으로 만드는 것이라 할 수 있다. 다양한 경험이 곧 나의 자산이(experience as an asset) 되는 것이다. 궁극적으로 국제개발협력 사업에 참여하면서 경험치를 높이고, 경험에 대한 성찰을 통해서 역량을 끌어올릴 수 있다. 이는 전문가의 이론과 조언으로 완성되는 것이 아니라, 자기 경험에 대한 부단한 성찰이 필수적으로 요구된다. 즉 경험 자체가 자산이 된다는 결정론이 아니라, 경험을 활용한, 경험을 통한 자산화가 나의 역량을 키우는 터닝포인트라는 점이다. 반드시 교육기관에서 역량을 키워야만 성공하는 것이 아니라, 일상에서 매일 수행하는 꾸준한 '자기학습의 힘'이 중요하다는 것을 잊지 말아야 한다.

지금까지 논의는 주로 첫 번째 질문에 대한 나의 대답이라 할 수 있지만, 경험을 통한 역량강화는 두 번째의 질문과도 연관되어 있다. 우리가 일의 세계에서 포괄적 역량을 가진 제너럴리스트가 되는 것도 쉬운 일이 아니다. 말 그대로 제너럴리스트가 된다는 것은 각 분야에 대한 넓은 지식을 가지고 있어야 할 뿐만 아니라, 어떤 업무를 맡더라도 분야 간 경계선을 통합하는 실무 역량을 갖추는 것이다. 그야말로 메타인지(meta cognition)가 높아야 가능하다. 일본 직장인들의 멘토로 불리는 다사카 히로시가 쓴 <슈퍼제너럴리스트>[3]에서는 '왜 고학력자에게서 깊은 지성을 느낄 수 없는가?'라는 도발적인 질문으로 책의 서문을 연다. 지능이 높은 것과 지성이 높다는 것은 등식화될 수 없다는 지적에 고개가 끄덕여진다. 좋은 대학을 나와서 학력이 높고 두뇌 회전도 빠르지만 지성이 느껴지지 않는 사람들은, 지식 습득은 열심히 했지만 지성을 연마하지 못한 것이라고 설명한다. 진정한 지성을 키우는 것은 답이 보이지 않는 것에 대해서 끊임없이 질문을 던지고 탐구하는 것이다. 자신만의 축적된 경험을 통해 깨달음을 얻는 과정이 필요하다.

---

3 다사카 히로시. (2016). 슈퍼제너럴리스트. 최연희 역. 서울: 싱긋.

이 같은 논의를 빌려볼 때 심지어 이론적인 지식과 기술은 최고라고 일컬어지는 국제개발협력 분야의 1급 전문가 중에서도, 현장에 참여하며 깨지고 부딪치면서 실천지성으로 얻은 경험이 일천한 경우는 진정한 의미의 전문가라고 볼 수 없을 것이다. 그런 의미에서 우리는 국제협력 분야의 전문성을 쌓기 위해서 지식, 인식, 경험의 지평을 확대하고 실천을 통해서 다양한 경험을 자신만의 자산으로 만들어가는 태도가 중요하다. 학습은 삶의 다양한 맥락에서 언제나 일어나며(learning takes place in a variety of contexts), 우리는 경험을 통해서 성장한다. 그렇기 때문에 지금 자신의 경험이 하찮고, 쓸모없고, 파편화되어 있다고 가치를 평가절하하지 않아야 한다. 즉 다양한 경험을 통해서 어떻게 나의 미진한 역량을 키워갈 수 있을지를 탐구하고 고민한다면, 그 과정은 어느 순간 당신의 자산이 되어 있을 것이다.

1일 1실천학습

- 현재 대학생이라면 자신이 대학에서 공부하고 있는 방대한 교양수업과 전공수업 가운데, 국제 역량을 쌓을 수 있는 교과목을 찾아보고 적극적으로 수강하여 나의 지식으로 만들어나가기
- 대학 졸업 후 현업에 종사하는 실무자라면 자신이 국제협력 전문가로서 다양한 무대에서 활약하기 위해서 그동안 부족했던 글로벌 지식 역량이 무엇인지 파악하고, 성장을 위해서 매일 내가 할 수 있는 작은 일부터 실천하기(예: 유튜브 채널 구독, 신문 및 전문 매거진 읽기, 학습 블로그 학습블로그 개설 및 작성)
- 글로벌 지식 매거진, 학술 논문, 국제기구 리포트, 국제협력 정책 문건 가운데 일주일 단위로 문건을 선택해서 '내가 해석하는 국제정세 노트'를 만들고 메모해나가기
- 비슷한 관심사를 가진 소수의 학습동아리를 찾거나, 만들어서 글로벌 동향에 대해 일상적으로 이야기를 나누거나 편하게 토론·소통하는 그룹에 참여하기

존재하는 모든 인격체는 그 자체로서 학습의 주체이며,
인간이 일상에서 매일 일구어가는 삶이
곧 학습의 과정이다(Jarvis, 2010).
자비스(Jarvis)의 이론에 따르면 개발협력 현장에 참여한
실무자들은 배움을 이어가는 유기체(learning agency)이며,
그들이 현장에서 부딪히면서 직면하게 되는
사건, 이슈, 에피소드 등 경험의 일체로 인해
기존에 가지고 있던 지식과 정보에 균열을 일으키게 된다.

국제개발협력 전문가가 갖추어야 하는 학습활동

1. 국제정세와 개발협력의 관계를 고찰하는 통합적 사고

2. 실무에 참여하면서 깨질 수 있는 마음가짐과 태도

3. 이론과 실제를 연계하여 개발협력 업무/현장에서 적용하기

4. 파편화된 경험들을 통해서 스스로 무엇을 배웠는지 성찰하고,

   경험을 나의 자산으로 만들기

제2장

Affect & Value

: 나를 단단히 세우며, 다양한 타인과 관계를 맺는 힘

1. 무엇을 지향하는가?
불평등하게 기울어진 국제사회의 운동장 위에서

기울어진 운동장 다시 세우기!

전통적으로 교육학에서 학습자의 성장과 변화를 '역량'이라는 측면에서 구분할 때 지식(knowledge), 기술(skill), 태도(attitude)를 구성요소로 구분하는 것이 보편적이다. 그런데 필자는 이 책에서 역량을 이루는 구성요소를 독자들의 개념적 이해를 돕기 위해서 '지식—정서와 가치—태도—기술과 행위'로 구분하여 제시한다. 특히 역량 개발에서 '정서와 가치'를 따로 구분하여 중요하게 설정한 것은 국제개발협력 분야가 가지는 특수한 가치지향성을 고려하였기 때문이다.

여러분이 알다시피, 세상에는 화려하고 멋진 무수한 직업군이 존재한다. 그 가운데 특별히 국제사회의 공동의 번영이라는 가치와 방향성을 가진 이 분야를 선택한다는 것은 단순히 뛰어난 지식과 기술, 태도를 갖추었다고 해서 지원하는 분야는 아닐 것이다. 일의 성격에 따라서 개발도상국으로 거처를 일시적으로 옮기고, 일상을 보내면서, 현지의 다양한 이해관계자들과 관계를 맺어가야 한다. 한국에서 당연하게 누렸던 문명의 편리함과 각종 안락함을 포기하고, 물리적으로 열악한 여건 속에 스스로를 던져야 한다.

필자는 그동안 개발도상국으로 파견되는 청년인턴, 코디네이터, 봉사단, 사업관리자들을 위한 강의를 하면서 커리어 설계와 역량 개발에 대한 다양한 고민을 들을 수 있었다. 해외 파견을 나가기 전에 만난 청년들과 임무를 마치고 다녀온 후에 만난 청년들의 인식과 경험치는 상당히 다른 것을 발견할 수 있다. 심지어 개발도상국 현장을 다녀온 이후에 진로를 변경하거나 이 분야에 관심을 접은 경우도 적지 않다. 그러나 공통점이 있다면 '왜 나는 국제협력 분야를 선택하는가?'라는 질문에 자신만의 답을 찾아가고 있다는 점이라 할 수 있다. 우간다와 레소토에서 국제개발협력 사업에 참여한 후 귀국한 청년은 다음과 같이 자신의 소회를 나누었다.

"박사님의 강의를 듣기 전에는 '동기'나 '가치관'이 특별히 중요하다는 생각은 하지 못했어요. 사실 막연하게 이 분야가 궁금해서 지원했는데 운 좋게 합격을 했거든요. 가서 과연 내가 잘할 수 있을까? 잘못해서 국가 망신을 시키는 건 아닌가? 라는 걱정이 있었거든요. 그런데 현장 사업에 참여해보니까 거기서도 일상은 바쁘게 흘러가고, 일 자체를 수행하는 것은 크게 무리가 없었어요. 그런데 문득문득, 내가 지금 여기서 뭘 하고 있는 거지? 라는 생각이 저를 흔들었어요. 한국에서 대기업에 취업한 제 친구는 저렇게 살고 있는데, 내가 이 먼 아프리카에서 지금 이렇게 시간을 보내고 있는 게 맞는지 갑자기 초조해지더라고요. 저 스스로 '왜'라는 근본적인 질문에 대해서 생각하지 못했던 게 갑갑했던 거 같아요."

타인과의 소통만 중요한 것은 아니다. 나 자신과 끊임없이 소통하고 내가 가진 정서와 가치가 무엇인지에 대해서 질문하고 성찰하는 것이 중요하다. 우리가 일의 세계, 직업의 세계에 참여한다는 것은 개인 주체들이 가진 신념, 가치관, 정서적 지향성이 온전히 배제된 채로 이루어질 수 없다. 정서와 가치의 배제는 노동으로부터 우리를 소외시킬 수 있다. 이러한 맥락을 잘 설명해주는 학자인 안토니오 네그리(1999)[1]는 자본의 '명령권력'(pouvoir)에 맞서기 위해서 노동에 참여하는 개인들이 독립적이고 자기결정적인 삶의 영역을 개척하고 확장해가는 자신만의 가치증식이 중요하다고 말했다. 내가 무엇을 원하며, 무엇을 해야 하는가? 라는 질문은 객관적이고 과학적인 답에서 나오는 것이 아니다. 오히려 존재가 근원적으로 가지는 자기가치

1 Negri, Antonio. (1999). Value and Affect, Michael Hardt(translated), Boundary 2, Vol. 26, No. 2 (Summer, 1999), pp. 77-88 (12 pages).

에 대한 질문으로부터 나온다. 네그리에 의하면 인간 존재는 정서(가치, 신념, 주체성)와의 긴밀한 관계 속에서 자신이 만드는 '자유의 공간'을 확보할 수 있다고 보았으며, 개인 주체들이 가진 정서와 가치는 권력과 거대구조에 의해서 파괴될 수 없다고 보았다.[2]

따라서 여러분이 국제개발협력 분야로 진로를 생각한다면, 그리고 본격적으로 참여하는 과정 중에도 '무엇이 나를 이끄는가?' '국제협력 분야에 투신하는 나만의 가치, 정서, 신념이 무엇인가?'를 스스로 근본적으로 질문하는 것이 중요하다. 누구도 이 분야에 들어오면서 '그냥 한번 경험해 보지 뭐, 안 되면 때려치우고'라는 가벼운 마음으로 들어오지는 않을 것이다. 크고 작은 자신만의 가치관, 개인적인 소신, 모호하지만 자신만의 신념, 지향성을 가진 청년들이 그동안 '불평등하게 기울어진 국제사회의 운동장'을 바로잡는 데 한발씩 발을 디디고 나가는 것이라고 생각한다. 내가 서 있는 곳의 이정표를 객관적이고 냉철하게 판단하는 사고력을 겸비하고, 자기 역량을 키우면서 구조적인 모순을 점진적으로 타개할 수 있는 실천력이 어느 때보다 필요하다.

그동안 세계의 불평등을 바로잡는 체제가 없어서, 방법을 몰라서 이렇게 글로벌 격차가 벌어져 온 것인가? 체제와 방법론의 문제가 아니다. 비전이 없어서 이렇게 된 것도 아니다. 다각적으로 변화하는 국제질서 속에서 계속 갱신되는 목표와 비전들, 유엔을 비롯한 국제정부기구의 수많은 선언문과 권고문, 국제개발협력의 포괄적 원칙과 체계적인 프로토콜은 이미 넘쳐난다. 그런데 이 책에서는 구조적인 장벽과 체계를 개혁하자는 접근을 강조하기보다는, 새로운 국제협력 무대에 올라설 청년 주체들이 개인의 역

2 안토니오 네그리, 펠릭스 가따리. (2007). 자유의 새로운 공간. 조정환(역). 서울: 갈무리.

량을 함양하는 것에 무게 중심을 두고 있다.

따라서 이 분야에 참여하는 개별 주체들에게 '왜'라는 질문은 중요하다. 국제협력 분야의 가치체계를 스스로 어떻게 해석하고 정립하는가는 여러분이 현업에서 종종 경험할 수 있는 '현타'(자기가 처한 실제 상황을 깨닫는 시간)를 극복할 수 있는 자기 철학이라고 할 수 있다. 이미 보유하고 있는 지식, 태도, 기술력만 연마할 것이 아니라, 이제는 스스로 질문해야 한다. 나는 무엇을 지향하는가? 질문에 대한 답을 할 수 있다면, 더 큰 보폭으로 당당하게 나아갈 수 있을 것이다.

1일 1실천학습

- ✔ 국제개발협력 분야에 참여하는 내적인 동기가 있는지, 나의 지향성이 무엇인지를 스스로에게 질문하기
- ✔ 해외의 개발도상국에서 일을 하고, 일상을 보내는 것에서 스스로 가장 불편하거나 두려운 것이 무엇인지 생각하고 그 이유를 적어보기
- ✔ 이미 많은 선험자들이 공유한 개인적 경험, 느낌, 소회를 담은 정보를 찾아보고, 나의 상황을 상상하며 대입해보기
- ✔ 개발도상국에서 위기가 닥칠 때, 갈등이 생길 때, 때로는 국내에서 안정적 커리어를 쌓는 친구들과 비교하며 스스로 왜소해질 때 나는 어떤 마음가짐을 가질 것인지 글로 정리해보기

'무엇이 나를 이끄는가?'
'국제협력 분야에 투신하는
나만의 가치, 정서, 신념이 무엇인가?'를
스스로 근본적으로 질문하는 것이 중요하다.

2. 국제무대의 플레이어
: 뿌리를 가진 세계시민

느슨한 연대, 하지만 우리는 연결되어 있어

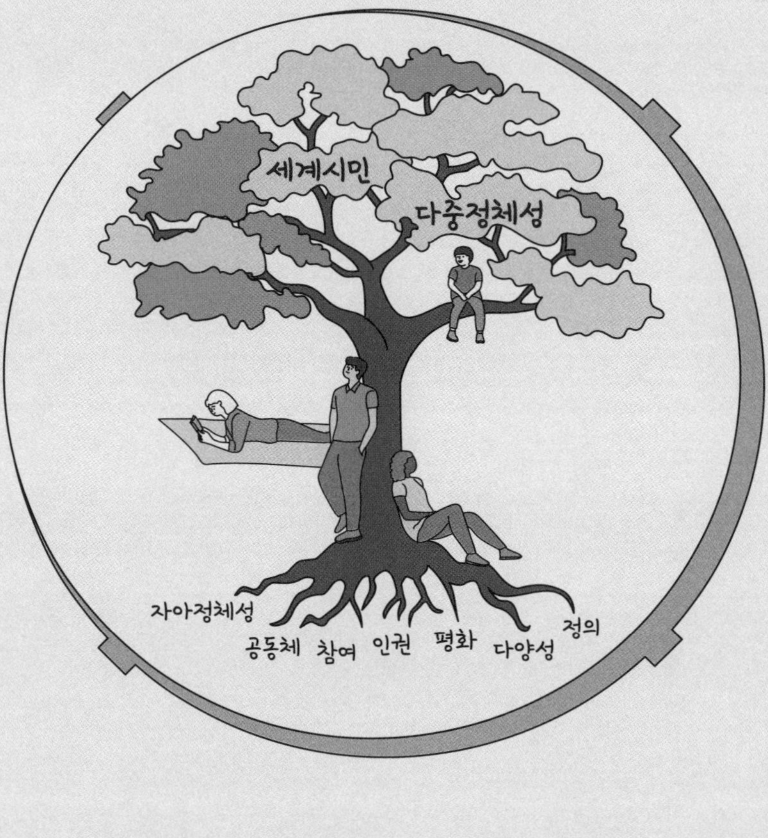

국제협력 전문가로 활약하기 위해서는 교육, 보건의료, 정보기술, 에너지, 농업, 환경 등 특정 분야의 섹터 전문가로서 높은 수준의 전문성을 쌓아야 한다. 그렇다고 지식과 기술 측면의 경쟁력만 갖춘다고 해서 국제협력 전문가가 될 수 없다. 왜냐하면 국제협력의 무대는 나의 출신 국가, 나의 공동체, 나의 이해관계만을 추구하는 '잘난 개인의 역량'을 뽐내는 무대가 아니다. 오히려 그동안 발전하지 못했던 수많은 개발도상국의 보이지 않는 민중들, 소수자, 취약 집단이 마땅히 인간으로서 누려야 하는 존엄성(human dignity)과 삶의 질(quality of life)을 보장할 수 있도록 인종, 민족, 국적, 성별을 뛰어넘어서 협력하는 상생의 무대이다.

인간이 의사결정을 내릴 때 합리적이고 논리적인 이성의 판단으로만 모든 사안을 결정하지 않는다. 개인의 정서와 감정, 동기, 가치관과 신념 등 정의적인 영역이 판단을 내리고 행동을 실천하는 데 큰 영향을 미친다. 국제개발협력 분야에서도 마찬가지다. 국제사회에 대한 해박한 지식과 폭넓은 이해도 중요하지만, 세계 공동의 번영에 대해서 관심이 없다면 열악한 개발도상국으로 향하는 데 큰 용기가 필요할지 모른다. 그런 의미에서 국제개발협력에 참여하는 실천가들은 인권, 평화, 안전, 민주주의 등 인류 보편의 가치를 존중하고 지구공동체의 구성원이라는 세계시민적 인식을 모종의 신념체계로 가지고 참여하는 사람들이라 할 수 있다.

그렇다면 국제개발협력 실천가라면 가져야 하는 세계시민적 인식, 세계시민성이란 무엇인가? 세계시민성을 연구해온 일군의 학자들은 모든 개인은 특정한 국가의 출신으로 태어나지만, 거대한 지구공동체 일원으로서 정체성과 소속감을 가지는 의식을 강조한다. 국제사회, 세계질서, 국제관계에 대한 다각적인 이해도를 높이고, 인류 공공의 번영을 위해서 참여하고 행동하는 것이 세계시민성이라고 말한다. 따라서 세계시민교육은 국경을 넘어서 초국적으로 시민이 되는 것이고, 세계시민사회 속에 참여하고 연대하는 인식과 태도를 함양시키는 교육이라 할 수 있다.

흔히 '전 지구적으로 행동하고, 내가 살고 있는 지역 안에서 실천하라'(think globally, act locally)라는 명제는 세계시민성이 뿌리 없이 겉도는 사상교육이 아니라, 사회구성원으로서 참여하도록 유도하는 실천 지향적 교육이라는 것을 잘 보여준다. 지역에 뿌리를 두지 않는 세계시민성은 이방인에 대한 환대, 정의, 이타성 등을 피상적으로 인식하는 데 그칠 우려가 있다. 그런 의미에서 국제무대의 플레이어(international player)인 국제협력 전문가는 그들 스스로 어떠한 국적, 인종적, 계층적 배경의 뿌리와 자원을 가졌는지 자기 성찰을 해야 한다. 이 같은 성찰을 기반으로 복잡다단한 세계에서 지구촌의 평화와 번영에 기여할 수 있는 바를 찾아가고 한 걸음씩 실천한다면 뿌리를 가질 수 있을 것이다.

한편, 국제협력 사업에서 세계시민적 정체성을 가지고 일을 추진할 때, 모든 국제협력의 파트너들과 맹목적인 혈맹관계를 맺거나 절대적 신뢰를 쌓고 사업을 추진할 필요는 없다. 오히려 세계시민이라는 큰 개념적 우산을 쓴 후에는, 느슨한 연대를 맺으며 다양한 파트너들과 협업을 하는 것이 지혜로운 접근이라 할 수 있다. 그동안 국제질서에서 G7을 비롯한 선진 경제국과 유엔 안전보장이사회 상임이사국(미국, 영국, 프랑스, 러시아, 중국), 유럽연합 등이 주도적인 담론을 형성해왔다. 이들은 '국제사회'라는 하나의 이름 아래에서 각 주권국가의 이해관계에 누구보다 충실하게 영향력을 행사해왔다. 기존의 세계무대에서 주역을 담당해온 이들 국가는 자국의 이해관계와 외교력을 통해 견고한 공동체로서 상호협력을 해온 것이 사실이다. 그런데 이제는 정부, 국제기구가 그동안 꾸려온 '그들만의 리그'로 불리는 견고한 연대 관계가 아니라, 세계시민적 인식론을 가진 다양한 시민사회 주체들이 느슨하게 연대하고 언제든 참여하는 개방형 접근이 도모되어야 한다. 느슨한 연대에서 말하는 가벼운 공동체(light community)는 개념적으로 과거의 견고한 공동체보다, 진입과 퇴장이 열려 있는 자유로운 공동체를 의미한다. 강력한 멤버십에 기반하여 그 그룹에 소속된 사람들 안에서만 소속감을 강화하기보다는 누구나 참여할 수 있는 진입장벽을 낮추고, 공통의 관심사에 대한 다양한 접근 방식을 허용하는 것이다(Manzini, 2019).[3] 그런 의미에서 여기서 말하는 공동체의 경계는 개방적이고 유연하며, 참여 구성원의 상호관계가 지속적으로 공유되는 연결고리를 가지게 된다.

서구 중심의 근대화를 이루었던 견고한 동맹에서 벗어나, 변화무쌍한 현대사회에서 새로운 형태의 열린 세계시민사회를 구성하고, 그 속에서 느슨하지만 지속적으로 공동체에 참여하는 정신이 필요한 시점이다. 기후변화, 세계적인 전염병으로 인한 팬데믹, 평화를 위협하는 전쟁과 테러 등 이 모든 위기와 도전은 우리 개인이 지구공동체에 대한 더 깊은 소속감을 가지되, 언제나 일상 속에서 참여하는 시민이 되어야 한다는 점을 보여준다.

국제협력 플레이어로서 참여하게 될 청년들은 다양한 주체를 만나며 '나는 언제든 당신과 협력할 수 있다. 당신이 어느 국가 출신이든 우리는 서로 배울 수 있으며, 공동의 번영을 위해서 상생할 수 있다'라는 태도를 가질 필요가 있다. 이것은 국제협력 초급 전문가들이 세계시민으로서 자신의 역량을 맘껏 발휘할 수 있도록 능동적으로 참여하고, 창의적으로 경계를 넘으며 협력할 수 있는 새로운 길이라 할 수 있다.

---

3 Manzini, Ezio. (2019). Politics of the Everyday. New York: Bloomsbury.

1일 1실천학습

- 가벼운 흥미로 개발협력 사업에 참여하는 것은 아닌지, 무엇이 나를 가슴 뛰게 하는지 스스로 질문하기
- 세계시민의식을 가진 국제협력 플레이어가 되기 위한 나는 얼마나 준비되어 있는지 나의 정서, 신념, 동기를 글로 정리해보기
- 선배 세대와 다른 새로운 국제협력의 풍토를 만드는 차원에서 나는 누구(whom with)와 어떻게(how to) 느슨한 연대를 만들어갈지 플랜 세우기

국제협력의 무대는 나의 출신 국가, 나의 공동체,
나의 이해관계만을 추구하는
'잘난 개인의 역량'을 뽐내는 무대가 아니다.
오히려 그동안 발전하지 못했던 수많은 개발도상국의
보이지 않는 민중들, 소수자, 취약 집단이 마땅히 인간으로서
누려야 하는 존엄성(human dignity)과
삶의 질(quality of life)을 보장할 수 있도록
인종, 민족, 국적, 성별을 뛰어넘어서 협력하는 상생의 무대이다.

3. 다문화 감수성

: 매너보다 중요한 감수성

머리로만 배운 매너가 아니라 내재화된 '다문화 감수성'

다문화 감수성은 개인과 조직이 인종적, 문화적, 종교적 다양성을 접할 때, 다양성을 인지적으로, 정서적으로 존중하고 다양한 배경을 가진 타인과 조화롭게 소통하며 관계를 맺을 수 있는 태도와 가치, 행위 역량을 의미한다. 간단히, 다문화 감수성은 여러 다양성을 몸과 마음으로 감싸 안을 수 있는 역량이다.

국제개발협력의 현장은 그야말로 다문화와 다양성의 총체라 할 수 있다. 단순히 부드러운 글로벌 매너보다 국제협력 현장에서 요구되는 것은 다문화에 대해서 민감도를 가지고, 이를 존중하고 조화롭게 대응하는 것이라 할 수 있다. 우리가 기존에 생각했던 규범, 정책적 기준, 실천방식, 일의 체계, 의사소통 형태는 국경을 넘어 전개되는 프로젝트 속에서 그야말로 균열(disjuncture)이 일어나게 된다. 기존에 가지고 있던 관념이나 전제들이 그대로 고수되지 못하고, 일의 실행을 위해서 합리적으로 변형되고 깨질 수밖에 없다.

개발도상국의 많은 나라와 국제협력 사업을 할 경우, 한국 측 사업관리자들은 약속 시간에 늦게 나타나는 수원국의 국민들을 일컬어 그 나라의 이름을 앞에 붙여서 '○○ 타임'으로 명명한다. 그러면서 일하는 스타일과 태도가 맞지 않아서 곤욕스럽다고 하는 경우가 많다. 예를 들어 '방글라 타임' '인디안 타임' '에티오피아 타임' 등을 붙이는 경우가 그것이다. 그런데 흥미로운 것은 1950년대 미 군정기에 미국 장교들도 한국인이 약속보다 늦게 나타나거나, 약속을 지키지 않았다고 하면서 '코리안 타임'을 신조어로 만들어 부정적으로 인식하는 경우도 있었다. 그런데 당시 정확한 시계가 없던 한국인들이 약속 시간에 제대로 도착하지 못하거나, 미군들과 영어로 소통을 하는 시간이 다가오면 발길이 늦어진다는 웃지 못할 사연도 있었다고 하니, 이와 마찬가지로 개발도상국의 현지인들과 일을 할 때 무엇이 문제인지, 어떤 방식을 협업해야 서로가 최선을 다할 수 있는지 제대로 소통하는 것이 가장 중요할 것이다. '이 사람들은 결국 발전이 없네, 희망이 없는 나라야'라고 일부의 단면을 보고 단정 지을 것이 아니라, 어떤 사회문화적 맥락이 있는지, 궁극적으로 '어떻게' 협력하고 연대할 것인지를 함께 모색하는 것이 필요하다.

우리와 다른 방식으로 교육을 받았고, 다른 성격의 사회적 규범을 가진 사람들과 협력을 할 경우는 차이와 다양성을 인정하고, 그 차이 속에서 우월함과 열등함으로 우위를 나누어 비교하려는 인식론을 경계해야 한다. 우리와 다르다는 이유로 후진적이고, 열등한 것이 아니다. 그 사회에서 오랜 세월 동안 지켜진 규범, 가치관, 사고방식을 외부인과 몇 번의 소통과 만남으로 바꿀 수 없는 노릇이다. 다만 상호교섭을 통해 국제협력 사업을 효율적으로 추진하기 위해서는 공동의 업무 추진 프로토콜, 기준을 마련하고, 이를 상호동의로 이끌어내는 합의 과정은 필요하다. 최소한의 공통 기준이 없다면, 국제사업은 평행선을 달리며 교차점 없이 형식적으로 끝나고 말 것이다.

아프리카 국가에서 사업 매니저 경험을 오랫동안 했거나, 동아시아 국가에서 오랜 활동을 한 국제협력 재원들은, 그 나라에서 일상을 함께 살고 현지인과 부딪히면서 잔뼈가 굵은 사람들이 많다. 개인의 경험과 인식에 따라 차이가 있겠지만 이들 대다수는 다문화 감수성을 몸으로 체득하면서 익히고 일의 실천에서 이를 발현하고 있는 사람들이라 할 수 있다.

반면 개발도상국에서 1년 미만의 단기 프로젝트에 참여하거나 봉사활동을 했던 사람들 가운데 부정적인 경험을 하거나 예기치 못한 사건, 사고 속에서 거대한 실망감을 느낀 사람들도 적지 않다. 대부분의 인간은 자신의 경험 속에서 세상을 해석한다. 개인적인 상처는 특정 나라에 대해서 민족주의적 편견(ethnocentric prejudice)을 강하게 갖게 하는 계기가 되기도 한다.

필자는 동아프리카에서 교육 사업에 참여했던 5명의 청년을 인터뷰한 적이 있다. 이들 가운데 한 명이 예산과 회계를 담당하고 있었는데, 마을 공동체에서 운전과 통역, 가벼운 심부름까지 도맡아서 해주던 A가 나중에 자신을 속이고 횡령을 한 사건을 경험하게 되었다. 믿었던 현지인에 대한 배신감을 느끼며 이 사태를 해결하기 위해서 숱한 시간을 스트레스를 받게 되었다. 그 이후에 그녀는 그 나라 사람들은 겉으로 웃으면서 'YES, YES'를 남발하지만 절대 믿어선 안 된다는 신조를 가지게 되었다고 전한다. 물론 본인도 편견이라는 것을 알고 있지만, 개인적 경험의 힘은 강력하기 때문에 그녀의 마음은 더욱 닫혀갔다.

어느 나라에서건 범죄자나 악인은 존재하는 법인데, 본인의 경험 틀(frame)에서 부정적인 것을 경험한 후 그 나라와 그 민족, 인종 전체에 대해서 지나친 일반화의 오류를 범하는 것은 아닌지 스스로 점검해야 할 것이다. 내 경험과 생각이 편향적인 것은 아닌지, 다시 한번 생각해보면서 지성인으로서 비판적으로 사유하고 성찰하는 힘이 필요하다.

국제사회의 다자무대에서 만나는 각양각색의 사람들은 그야말로 다양한 '타인'이다. 이러한 타인이 80억 명의 세계 인구를 구성하는 개별 주체들이다. 머리로 배운 매너가 아니라, 우리의 몸과 마음으로 다양성을 품고 연대하는 마음가짐과 그 실천이 중요하다. 다양한 문화권의 사람들과 소통하기 위해서 일상의 삶 속에서 감수성과 공감력을 키우고 '너'와 '나'가 연결되어 있다는 인식을 놓치지 않아야 할 것이다.

1일 1실천학습

- ✔ 국제협력 사업에 부정적 영향을 미칠 것 같은 자신만의 고정관념과 편견이 무엇인지 자문하기
- ✔ 실제로 국제협력 사업을 추진하면서 자신이 얻게 된 편견, 문화적 감수성이 있는지 살펴보기
- ✔ 다양한 문화권의 사람들과 소통하기 위해서 내가 갖출 정서 역량이 무엇인지 질문하기
- ✔ 다자무대에서 활동하기 위한 자신만의 다문화 감수성은 어느 정도로 준비되어 있는지(readiness of multicultural sensitivity) 정리해보기

단순히 부드러운 글로벌 매너보다 국제협력 현장에서 요구되는 것은
다문화에 대해서 민감도를 가지고,
이를 존중하고 조화롭게 대응하는 것이라 할 수 있다.
우리가 기존에 생각했던 규범, 정책적 기준, 실천방식,
일의 체계, 의사소통 형태는 국경을 넘어 전개되는
프로젝트 속에서 그야말로 균열(disjuncture)이 일어나게 된다.
기존에 가지고 있던 관념이나 전제들이 그대로 고수되지 못하고,
일의 실행을 위해서 합리적으로 변형되고 깨질 수밖에 없다.

4. 국제협력 인재가 갖춰야 하는 멘탈 관리법
: 좌절 금지, 탄력성

국제협력 사업을 추진하는 현장에서는 그야말로 각양각색의 사람들과 어울려 일을 하게 된다. 수원국의 정부기관, 시민단체, 지역협의체, 수원국에 진출한 국제기구, 기업 등 다양한 주체들이 개발도상국의 사회적 발전과 경제적 번영을 위해서 협력한다. 당신이 공공기관이나 대학, NGO에 소속되어 국제개발협력 사업팀에 합류할 경우, 국내에서 체류하면서 데스크 업무를 하거나, 아니면 해외 현지에 파견되어 일하는가에 따라 업무의 역할론이나 직무 범위가 다르다.

국내에 체류하면서 업무를 진행하는 전자의 경우는 그야말로 사업 진행의 컨트롤 타워가 되어야 한다. 사업 재원을 주는 기관(funding body, 주로 정부, 공공기관, 기업, 국제기구)에서 요구한 사업 추진 프레임을 잘 따르며 사업을 전체적으로 조율하는 것이 중요하다. 또한 개발도상국에 파견된 지역 사무소와 긴밀하게 연락을 취하며 합리적인 판단에 따라서 필요한 자원을 시의적절하게 조정하고, 예산 및 행정, 성과 관리 등 사업 전체를 총괄하며 모니터링을 해야 한다.

반면, 해외에 파견된 국제개발협력 실무자(사업 매니저, 인턴, 단원 등)들은 그야말로 매일매일 수원국의 공무원, 공공기관, 현지 채용 인력, 지역협의체 등과 만나면서 지역현장에서 개발사업을 하나하나 추진해야 한다. 더불어 미리 파트너 국가에 진출한 국제기구나 선진국의 공적개발협의체, 기업 등과 업무 협의가 필요하고, 사업 진행을 효율적으로 추진하기 위해 각종 장애물을 없애는 작업을 해나가야 한다. 현지에서 직원을 고용하고, 업무를 지시하고 권한을 부여하면서 지역개발협력이 잘 이루어지도록 협조를 구하는 일 또한 중요하다. 이 모든 과정을 중앙 본부와 상시로 소통하는 것도 놓치지 않아야 한다.

이를 볼 때 국내에서 업무를 추진하든, 해외에서 사업을 추진하든 간에 어느 것 하나 쉬운 것은 없다. 난관과 장애물의 성격과 수준이 다르기 때문이다. 그런데 필자는 주목하는 진짜 어려움을 다른 데 있다. 국내 본부 및 해외 지부가 수행하는 여러 해외사업을 평가하고 컨설팅하면서, 특히 해외 현장에서 실무를 추진하는 인력들의 멘탈 관리(mental management)가 어렵다는 점을 알게 되었다. 특히 주요 권한과 영향력을 가지지 못한 국제협력 분야의 주니어가 현장에 파견될 경우는 그 고충이 더욱 크다. 내부 구성원 간의 미묘한 인간관계뿐만 아니라, 현지에서 고용한 지원 인력들이 제대로 업무 추진을 하지 못할 때는 이들의 업무를 대신 떠맡아서 처리해야 한다. 현지인들과 업무 추진 방식에서 마찰이 일어나는 경우는 스트레스가 높아진다. 복무 문제나 일에 대한 윤리적 태도가 충돌하기도 한다. 예를 들어 현지 직원이 아침 9시에 출근인데 매번 한 시간 늦게 출근을 하는 태도의 문제가 발생하거나, 업무 지시에 대한 분명한 가이드 라인을 주었는데 막상 마감일에 제출된 일의 수준이 기대에 못 미칠 경우는 하나부터 열까지 어떻게 조율하고 빈틈을 메꾸어야 할지도 고민이다. 이 모든 과정을 본부에 있는 상사와 직원들에게 전부 말할 수 없을 때, 그야말로 '말하지 못할' 고민과 스트레스가 쌓여간다.

비단 현지 채용 인력의 문제뿐만 아니라, 사업을 추진하는 현지 파트너들과 업무 추진과정에서 부딪히고 삐걱거리는 경우도 있다. 내가 생각하는 상식의 수준과 상대방이 생각하는 상식의 수준이 다를 경우에도 '속앓이'를 하게 된다. 처음 현장에 파견된 청년들은 위에서 언급한 인력문제, 갈등문제 등 여러 문제가 계속 발생할 때는 '내가 여기서 지금 뭐 하고 있는 거지?'라는 고민을 하면서 좌절하고 스트레스를 온몸으로 받기도 한다.

필자가 아프리카의 말라위, 탄자니아, 에티오피아, 우간다에서 진행한 대학 및 시민단체의 협력 사업을 평가하면서, 사업 추진이 원활하게 잘 되는 사업팀과 그렇지 않은 사업팀들의 차이를 분석한 경험이 있다. 물론 각 사업의 수혜자 그룹, 예산, 중앙 본부의 역량과 노하우 등에 따라서 차이가 난다. 그렇지만 현지 사업이 성과목표를 잘 달성하는 데 있어서 현지에서 채용한 인력의 역량과 헌신(commitment), 그리고 이들과의 신뢰 관계에 따라서 사업의 질적 수준이 판가름 나는 것을 목격했다. 특히 교육개발협력 사업에서는 현지에서 채용한 교사, 강사의 수준이 교육의 질에 중요한 영향력을 미친다.

성공적으로 사업을 수행한 팀의 지부장은 책임감 있고 유능한 현지 선생님에 대해서 주로 다음과 같이 설명했다.

"저희는 정말 운이 좋았습니다. 이미 국제기구와 일해본 경험이 있는 사람을 이번 사업에 채용할 수 있었는데, 이 선생님의 업무 수준이나 일에 대한 열정이 놀라울 정도였어요. 현지 아이들을 가르치는 일인데 대충하는 게 아니라, 정말 자기 자식들에게 수업을 진행하는 것처럼 매일 교육자료를 개발하고 노력하시는 모습이 감사할 따름이었어요."

반면 사업 수행의 어려움을 겪는 지부장의 목소리는 조금 달랐다. 평가자 입장에서 봤을 때, 사업의 목표와 교육 방법의 괴리가 두드러져서 우려스러운 사업이었다. 예를 들어 교육 사업의 목표는 '자기주도적 교수법을 활용한 중등교육 제공'을 목표로 하고 있지만, 추진되고 있는 교육활동을 들여다보니 오히려 권위주의적 교수법으로 암기 중심의 주입식 교육방식을 채택하고 있었다. 사업을 추진한 후 6개월이 흘렀는데 왜 이렇게 답보 상태인지 진단하기 위해서 대화를 이어갔다.

"박사님께서 지적하신 게 맞습니다. 아무리 제가 현장에서 채용한 강사들에게 자기주도적 교수법을 설명하고, 교수자료를 보여주어도 선생님들이 따라오지 못해요. 이해하지 못하는 경우가 많습니다. 의아한 것은 이 선생님이 이미 10년 넘게 지역의 공립학교에서 교사로 일을 한 경력이 있는데도 말입니다. 본인 스스로 자기주도학습이라는 것을 경험하거나 교육받지 못했기 때문에 새로운 교육방법이 나와도 제대로 적용해서 가르치지 못해요. 여기 선생님들은 우리나라처럼 교원 연수가 체계적으로 있는 것도 아니니 근본적으로 개선이 안 되는 것 같습니다."

충분히 이해가 되는 고민의 지점이다. 교육은 백년지대계(百年之大計)인데, 한 번의 국제협력 사업으로 단기간에 성과가 나오지 않기 때문이다. 여기서 말하고자 하는 것은 현지 인력과의 소통과 협업이 얼마나 수많은 노력이 필요한지에 대한 지점이다. 그 외에 많은 도전 과제와 어려움을 다 열거할 수는 없다. 그런데 국제협력 분야에 입문한 인재들이 이 같은 난관을 예상하지 못한 채, '장밋빛의 아름다운 협력'만을 기대하고 개발도상국 현지에 나가게 되면 시련을 만날 때 더욱 실망할 수 있다.

필자는 여기서 국제협력 분야의 초급 전문가, 매니저급 실무자들이 회복탄력성을 가지면서 자신의 멘탈 관리를 해나가야 한다는 점을 강조하고 싶다. 어떤 분야든 끈기와 의지를 가지고 원하는 목표를 추구하도록 스스로 격려하고 실패와 무기력에서 일어설 수 있도록 하는 것이 회복탄력성(resilience)의 핵심이다.

물론 아직 우리나라의 국제개발협력 분야에서 폭넓은 양질의 일자리가 보장되거나 청년들이 안정적인 커리어 사다리를 올라가는 데 한계가 있는 것은 사실이다. 이러한 이유로 국제협력 인재들이 개별적인 좌절을 경험하거나 멘탈 관리가 어려운 경우는 지극히 사적인 처방이 이루어질 가능성이 높다. 국제개발협력 분야에 대한 순수한 열정과 굳건한 의지만을 가지고 이 분야에서 커리어를 올곧게 높여가는 데 아직은 구조적 장벽이 있다는 점을 부정할 수 없다. 이러한 지점은 중장기적으로 정책도구를 체계적으로 활용하여 개선되어야 하는 부분이다.

그러나 본 절에서는 국제협력 현장 경험이 일천한 청년이든, 인턴이든, 봉사단원이든, 실무 책임자든 간에 개발협력 사업을 추진할 때 각자가 봉착하게 되는 불리한 상황을 극복하고 적극적으로 문제를 해결하기 위해서 회복탄력성을 키우는 것이 무엇보다 중요하다는 점을 강조하고자 한다. 사람마다 어떤 사건을 해결하는 방법이나, 감정을 수용하고, 처리하는 속도는 다르다. 그러나 중요한 것은 자기 자신의 마음을 들여다보고 내가 나를 돕고 당면한 어려움을 극복하기 위한 정신, 즉 '자조'(self help)의 힘을 가볍게 여기지 않아야 한다는 것이다. 어려움이 닥치는 과정에서도 자기 자신을 가치 있게 여기고, 스스로를 격려할 수 있는 해법을 찾아나가야 한다. 또한 두렵고 힘든 상황일수록 숨거나 피하지 않고, 타인들에게 적극적으로 피력하고, 개선을 요구하고, 해결을 위해서 도움을 구하는 것이 필요하다.

국제협력 사업을 추진할 때는 여러 변수가 존재한다. 우리는 자주 좌절할 만한 상황을 맞닥뜨리게 되고 스트레스를 받을 수 있다. 그런데 중요한 것은 이러한 상황을 내가 어떻게 대응할 것인가라는 점이다. 폴 스톨츠(Paul Gordon Stoltz)의 '역경지수'(adversity quotient, AQ)[4]는 장애물을 오히려 기회로 바꾸는 사람은 역경지수가 높은 사람이며, 이런 사람들은 새롭게 직면하게 되

4 Paul Gordon Stoltz. (1997). Adversity quotient: turning obstacles into opportunities, New York: Wiley.

는 스트레스 상황에서 합리적이고 생산적으로 대응할 수 있는 사람이라고 주장했다. 역경지수는 고난과 장애물 앞에서 다시 자신만의 힘으로 일어설 수 있는 회복탄력성과 긴밀하게 연결되어 있다. 단순히 버티거나 대책 없이 배짱을 부리는 것이 아니라, 내가 직면한 문제 상황에 대해서 보다 객관적인 시선으로 냉철하게 현실을 파악하고, 문제를 해결하기 위해서 합리적인 판단을 내리고 세부전략과 목표를 재정립하는 힘이라 할 수 있다. 다시 말해 국제협력 사업에서 역경에 직면했을 때 자신만의 회복탄력성을 복원하는 힘이 필요하다.

우리는 모든 국제협력 사업이 성공하기를 바란다. 그러나 모든 사업이 성공하는 것은 아니다. 오히려 난관과 지뢰밭은 언제나 어디에든 깔려 있을 수 있다는 전제를 가지고 국제협력 사업에 임하는 자세가 필요하다. 단순히 '잘 될 거야'라고 무한 긍정을 하자는 접근이 아니라, 차라리 국제개발협력 업무를 추진하는 과정에서 좌절감과 무기력이 커질 때는 스스로 정한 작은 단위의 과업들을 정하고, 작은 목표를 하나씩 성취하는 '작은 긍정의 순간'을 계속 만들어가는 전략이 필요하다. 즉, 실패와 무기력의 구조를 극복할 수 있는 자기만의 탄력성을 꾸준히 쌓아가는 것을 몸에 체화해야 우리는 성장할 수 있다.

건강한 탄력성을 가져야 하는 이유는 내가 몸담은 일에 대한 좌절, 회의감, 무기력, 냉소를 딛고 다시금 주인의식(ownership)을 가지는 길이기 때문이다. 우리가 국제개발협력의 생태계 전체의 구조를 당장 바꿀 수 없지만, 그 안에서 자기 혁신을 도모하는 길을 지금 내가 지식, 태도, 가치, 행위를 통해서 하나씩 이루어갈 수 있다는 점을 잊지 않아야 한다.

1일 1실천학습

✔ 사람마다 어려움과 스트레스를 체감하는 온도가 다르듯, 나만의 자기 격려 방법 만들기

✔ 국제협력 사업이 내 뜻대로 이루어지지 않을 때는 그것이 어떤 문제로 인한 것인지 원인을 진단하기

✔ 인력 문제, 현지의 비협조적 태도 문제, 인간관계 문제, 책임 관계 및 보고 체계의 문제, 주먹구구식 행정 문제 등 각 이슈에 대해서 본인이 가장 심적으로 스트레스를 받는 것이 무엇인지 파악하고 카테고리를 만들어보기

✔ 좌절감이 커지면 하루의 일과 중에서 작은 단위의 목표들을 설정하고 이를 성취하는 작은 긍정의 순간을 만들기

✔ 힘들다고 느낄 때 주변 사람들에게 어려움을 솔직하게 토로하고, 터놓고 소통하기

어려움이 닥치는 과정에서도 자기 자신을 가치 있게 여기고,
스스로를 격려할 수 있는 해법을 찾아나가야 한다.
또한 두렵고 힘든 상황일수록 숨거나 피하지 않고,
타인들에게 적극적으로 피력하고, 개선을 요구하고,
해결을 위해서 도움을 구하는 것이 필요하다.

5. 세계공존을 위한 공동체 의식
: 느려도, 바르게 추구해야 할 책무성(ESG)

세상에는 화려하고 멋진 직업이 많다. 정보기술의 혁명으로 사람들은 더 편리하고, 멋스럽고, 소위 폼나는 일을 추구한다. 그런데 여러분은 왜 경제적, 사회적, 환경적으로 낙후된 개발도상국의 번영에 이바지하는 일에 참여하고 싶은 것인가? 왜 국제협력 분야에 열의를 가지고 있는지 자문해보아야 한다. 혹시 화려한 국제무대에서 멋진 슈트를 차려입고 당당하게 활약하는 모습을 상상한다면, 그것은 빙산의 일각만 보는 것이다. 모든 일이 그러하지만, 특히 국제개발협력 분야는 자신이 가진 목적의식, 가치관, 정서적 지향점 그리고 모종의 신념이 없다면 지속가능하게 투신할 수 없을 것이다. 특히 개발도상국 현장에 파견되거나 이주를 하면서 삶을 꾸려간다는 것은 한국에서의 편리함, 익숙함, 안락함과 작별을 하는 것이기 때문에 '내가 진정 무엇을 지향하는가?'라는 자기 성찰이 수반되어야 한다.

국제협력 인재가 되고자 하는 청년들이 필수적으로 갖춰야 할 정서와 신념, 가치관을 반영하는 정의적 역량으로서 반드시 함양해야 하는 부분이 있다. 그것은 우리 개개인은 지구촌으로 구성원으로 국제사회에 대한 공동체 의식과 책무성을 가져야 한다는 것이다. 이러한 관점을 가질 때 불평등과 빈부격차가 점차 커지는 현대 사회에서 전 지구적인 문제에 대해서 시급성을 가지고 공동대응을 하며, 국적, 인종, 계층, 민족과 상관없이 공존을 위해서 연대해야 한다는 합의점에 도달한다. 이 같은 지향점이 없다면 국제개발협력에 참여한 당신의 사업은 지극히 기술주의적이고, 처방주의적인 산출물을 쏟아낼 것이다. 가치와 신념이 흔들리는 사업은 뿌리가 약하고, 지역의 지속가능한 개발을 보장할 수 없다.

그동안 동남아시아 개발도상국에서 우리나라의 대기업이 자행한 환경파괴, 환경오염, 인권침해, 지역 원주민의 터전 훼손은 국제 환경단체의 지탄을 받아왔다(MBC, 2022.3.3[5]; 그린피스 보고서[6]). 예컨대, 2020년 인도네시아의 팜유 농장을 개발하기 위해서 열대우림을 파괴하고 주변 땅과 강물을 살충제로 오염시킨 포스코인터내셔널, 2016년 인도네시아 수마트라섬에서 독성 제초제를 살포하여 주변 환경을 훼손하고 주민들의 식수권을 박탈한 삼성물산, 주민들과 협의 없이 땅을 수용하여 보존 지역을 밀어버린 ㈜대상, LX인터내셔널도 국제환경단체의 '나쁜 기업'으로 지목되었다. 그 밖에 베트남에서 대규모로 이루어지는 한국 기업의 산림벌채 사업이 온실가스 배출하고 생태계를 훼손한다는 비판을 받고 있다. 그중에서도 2018년 라오스에서 대규모 인명 피해를 발생시킨 SK의 댐 사업은 한국 정부와 민간기업이 공동으로 실시한 유상원조 사업이라는 점에서 더욱 충격을 안겨주었다. 라오스 세피안·세남노이 댐 사업은 한국수출입은행 대외경제협력기금(EDCF)이 공적개발원조 사업으로 추진한 국제협력 사업이다. 수력발전소의 보조댐이 무너지면서 댐 하류에 있는 주민들이 목숨을 잃게 되었다. 대규모 개발협력 사업은 개발도상국의 환경, 사회, 인권 문제에 영향을 미친다(참여연대 국제연대위원회 성명서, 2019. 7. 23.).

고도의 기술과 능력으로 무장한 채, 효율성과 생산성만을 높이는 개발사업은 위험하다. 그 속에는 누구도 뒤처지거나 소외되지 않도록 해야 하는 더불어 공존의 정신, 느리지만 바른 방법으로 추진해야 하는 책무성이 빠져 있다. 이미 국제사회는 주민의 권리를 보호하기 위한 세이프 가드 정책을 수립하고 있고, 독립된 심사와 모니터링을 통해서 환경영향평가를 체계화하고 있지만, 우리나라의 개발협력 사업은 이를 '참고'하는 수준에 그

---

5 MBC. (2022. 3. 3.) 열대우림 파괴, 독성 제초제 살포…국제사회 비난받는 한국 대기업들.
6 그린피스. (2018). '지구와 사람을 위한 정의(Justice for People and Planet)'.

치고 있다. 심지어, 국제사회의 비난과 시민단체의 공동항의 성명이 나오면 기업들은 앞다투어, 피해를 본 개발도상국에 학교와 병원을 짓겠다고 '언 발에 오줌 누기'식의 대응을 여전히 하고 있다.

이 장에는 한국을 먼저 돌아보자는 성찰적 견지에서 우리나라 기업을 살펴보았다. 우리는 일부 한국 기업이 초래한 파괴적 개발 산업에서 교훈을 얻어야 한다. 이들의 '개발' 사업은 개발도상국의 지역사회에 공헌하지 않고 오히려 주변 생태계를 파괴하고 주민들의 권리를 훼손한다는 지적에 주목해야 한다.

그렇다면 어떤 얼굴을 한 개발이어야 하는가? 지속가능한 지구에서 공존하기 위한 국제개발, 국적과 인종이 달라도 내가 소속된 지구촌에 대한 책무의식을 가진 국제협력이 되어야 할 것이다.

시대가 변하고 있다. 과거에 기업은 이윤 창출과 영업이익만을 최우선의 가치로 삼아왔다. 투자에 대비하여 최대한의 이익만 남기면 성공한 기업의 반열에 섰다. 그러나 국제사회에서 기업의 지속적인 존속과 성장을 위해서는 기업도 공공선을 추구하는 사회적 책임(corporate social responsibility, CSR)이 강조되기 시작했다. 나아가 최근에는 2006년 UN 주도하에 탄생한 글로벌 투자기관 연합체인 UN PRI(Principles for Responsible Investment)는 기업의 책임투자원칙을 강화하고, 새로운 전략으로서 ESG(환경[Environment], 사회[Social], 지배구조[Governance]) 경영 시대의 도래를 역설하였다. 무슨 수를 써서라도 최대한 투입 비용 절감하고 이익을 창출하는 기업의 시대는 저물었다는 것이다. 지구환경을 고려하고, 사회의 공동선을 창출하는 데 이바지하고, 건전한 지배구조를 가지지 못한 기업은 이제 지탄받고 사라질 수 있는 시대가 된 것이다.

이러한 변화는 전 지구적 공공선의 추구라는 지향점을 보여준다. 따라서 국제협력의 무대에서 우리는 지구촌 공동체의 일원으로 공존하는 방법을 강구하고, 개발도상국의 취약계층, 소수자, 약자가 처한 인권 침해와 불평등한 상황을 개선하기 위해서 함께 팔을 걷고 대안을 찾는 실천 행위에 개입해야 한다.

1일 1실천학습

- ✔ 사업 추진과정에서 누구도 침해를 받지 않도록 책무성을 가지고 사업을 추진하고 있는지 스스로에게 질문하기
- ✔ 국제개발협력 사업에서 당신이 미미한 역할로 참여하든, 중책을 맡든 간에 이 사업에서 직간접적으로 피해가 예상되는 지역주민, 집단, 이해관계자가 있는지 분석하기
- ✔ 유상개발협력 사업에 참여할 기회가 있을 때는 선행되었던 유관 사업을 찾아보고 수원국에 미치는 환경사회 부문의 영향평가를 검토하기

국제개발협력 분야에서의
자신만의 임파워먼트 전략

1. 성공적으로 일을 수행할 수 있다는 자기 신념, 즉 자기효능감을 가져라

self esteem

2. 세계시민의식과 다문화 감수성을 탑재하라

global citizenship

3. 실패와 무기력을 극복하며 회복 탄력성을 가져라

resilience

4. 학습을 통해서 다양한 분야를 섭렵, 연계할 수 있는 전환적 기술을 가져라

transferable skills

5. 잘난 개인으로 독주하지 말고, 타인과 협력하고 연대하는 역량을 키워라

collaboration

제3장

Attitude

: 깨지면서 성장하는 열린 자세

1. 눈앞의 손익만 계산하지 말기
: '쓸모'의 재해석

'쓸모 없음'을 '쓸모'로 바꾸는 단단한 학습경험

20대는 불확실성이 가득한 세계이다. 내 안의 불확실성을 해소하기 위해서 선택한 방법은 공부였고, 나의 20대는 공부를 하며 몰입하는 시간으로 채워져 있다. 학문의 길을 선택한 이상 학사, 석사, 박사과정에서 공부하는 것 이외에는 다른 일에 곁을 둘 수 없었다. 학부를 마치자마자, 곧바로 대학원 입학시험을 치르며 석사과정에 입문하고, 석사를 마치고는 국가 연구소에서 일하면서 다시 박사학위 과정에 입학했다. 공부하다 보면, '내가 지금 제대로 하고 있는 건가?'라는 생각이 들 때가 많다. 많은 학점을 이수하고, 다양한 교과목을 들으면서 수많은 논문과 책 속에서 허우적대며 내가 하는 공부의 방향이 맞는지에 대해서 끊임없이 고민했다. 내가 싫어하는 교수님도 있었고, 나와 맞지 않는 교과목도 있었다. 그러나 거기서 요구하는 모든 논문과 학습자료를 우직하게 공부하고 읽어내려갔다. 그러한 과정에서 읽기 부담스러웠던 철학, 사상, 비평 등 메타인지(metacognition)를 키우는 다양한 학문 분야를 접하면서 지금 읽고 공부하는 게 과연 쓸모 있을까 하는 생각을 해본 적도 많았다. 마음이 흔들릴 때는 오히려 내가 책으로 만나는 다양한 분야의 연구자들을 존경했고, 더욱 공부에 몰입했다. 학위과정의 쓸모를 계산하지 않았고, 학습과정에만 몰입했다.

요즘 청년들은 효용과 가성비를 중요시한다. 어떤 것이 효용이 좋은지, 가성비가 있는지, 승산 없는 일에는 괜히 헛수고하는 것을 피하고 싶어 한다. 그런데 일의 세계에서, 국제협력의 현장에서 지금 내 눈앞에 있는 효용성과 가성비는 누가 책정할 수 있을까? 지금 내가 판단하는 효용성이 나중에는 어떻게 재해석될 수 있을까? 우리가 쓸모 있고 효용성이 높은 것만 따지다 보면, 일의 세계에서 진정으로 배워야 하는 부가적인 가치를 놓칠 가능성이 높다. 더욱이 현재의 시점에서 '쓸모' 있다는 효용성을 평가하는 것이 미래에는 어떻게 평가될 수 있을지 아무도 모른다. 오히려 눈앞에 있는 손익만 계산하다 보면, 일을 통해서 얻게 되는 사유의 확장, 관계의 확장, 행위의 보폭을 넓힐 수 있는 계기를 만나지 못할 수 있다.

김영란 전 대법관이 쓴 『김영란의 책 읽기의 쓸모』[1]라는 책에서 다음과 같은 대목을 남겼다. "주변에서 왜 소설을 그렇게 많이 읽느냐, 바쁘신데 시간이 아깝지 않으냐"라는 이야기를 들어왔다고 한다. 그녀는 이 지점에서 효용이란 과연 무엇인지 다시 질문하게 되었다고 말했다. 수많은 사람의 유·무죄를 다투고 사건사고를 법리의 시각에서 판결해야 하는 그녀에게 소설을 읽는 것은 타인과 사회에 대한 '공감' 능력을 키워주는 훈련과 같은 것이라고 설명했다. 이미 아는 것, 직면하는 것, 보이는 것 이외의 다른 측면을 상상하고, 유추하고, 이해하는 역량은 우리에게 더 나은 삶과 미래 사회의 방향을 고민하게 하고 바꾸어가는 힘이 된다는 말이 인상적이었다. 특히 민주주의 사회에서 다수의 의견이 영향력을 행사해왔지만, 우리가 다수결에 배제되고 가려진 소수의견이 무엇인지 관심을 기울이는 것은 중요하다. 소수의견이 보여주는 미래적 가치와 신념을 고민하는 것은 복잡한 현대 사회에서 당장은 쓸모없고 유용하지 않지만, 분명히 가치를 가진다는 것이다.

나는 사회과학의 한 학문 영역으로서 교육학을 공부하며 대학원과정에서 연구방법론을 선택하는 시점에서 많은 고민을 했다. 나는 숫자와 계량적 방법으로 현장을 분석하고 해석하기보다는, 수치화되지 않는 비통계적이고, 비수학적인 자료들을 통해서 현상과 사태의 맥락을 파악하고 분석하는 질적연구방법론을 택하게 되었다. 처음 질적연구방법론을 공부하면서 '과학적으로 설계되지 않은' 자연스러운 대화, 면담, 관찰들을 어떻게 분

1 김영란. (2016). 김영란의 책 읽기의 쓸모: 공부의 시대. 서울: 창비.

석하고 접근해야 하는지, 연구의 경계선과 이를 해석하는 연구자의 경계선을 구분하기 위해서 숱한 시행착오를 거쳤다.

석사과정에서 질적연구방법론에 정통한 어느 교수님의 수업을 듣는데, 선생님은 '무조건 현장에서 가서 많이 듣고, 시간도 허비하는 기회를 가져라' 하고 주문하셨다. 그렇게 나는 대학원과정에서 다양한 그룹의 사람들을 만나며 이런저런 이야기를 들어보고, 환경, 인권, 의료분야의 현장과 시민단체를 찾아가서 당장은 손에 잡히지도 않는, 쓸모없어 보이는 시간을 많이 보냈다. 특히 나는 외국인 근로자의 삶을 연구하고 싶어서 그들의 집과 작업현장을 자주 방문했다. 어떤 일상을 보내고 있는지, 동료들과 어떻게 소통하는지 등을 파악하기 위해서 숱한 시간을 보냈다. 그렇다고 내가 그들을 만난 과정과 경험을 모두 연구 논문으로 집필하거나, 관련한 학술적 성과물로 낸 것도 아니다. 공식적인 성과는 없었지만 현장의 목소리와 이야기 덕분에 책상 크기였던 나의 좁은 시각은 넓어질 수 있었다. 그렇게 내가 본 다양한 현상에 대해서 질적으로 분석하고, 균형감 있게 인식하고, 말할 수 있는 '감식안'을 얻게 되었다.

더욱 중요한 것은 이 같은 경험 이후에 내가 한 '성찰'이었다. 많은 사람을 만나고 대화를 하고, 들어보는 경험 그 자체도 중요하지만 이와 같은 경험에서 어떤 편견을 가졌고, 어떤 생각의 틀을 깨게 되었으며, 무엇을 배웠으며, 무엇을 느꼈는지를 점차 연구자의 글과 시각으로 분석하고 성찰하는 시간을 가지게 되었다. 당장은 쓸모없어 보이는 일들 속에 혼자 동분서주하며 시간과 돈을 쓰면서 다녔지만, 결국 그 과정은 모두 다층적인 시각을 얻을 수 있는 씨앗이 된 것이다.

누구나 처음부터 화려하고 빛나는 역할을 맡지 않는다. '내가 지금 이 일을 왜 하고 있는가'라는 고민하는 청년이 많을 것이다. 일의 세계에서 나에게 더 많은 일감이 몰려서 부당하게 느껴지거나, 혹은 내가 이런 것까지 해야 하는지 억울하다는 생각이 드는 사람도 있을 것이다. 그럴 때는 조금 더 넓은 시각에서 객관화를 시작해보자. 국제협력 현장에서 어떤 일이 주어졌을 때 그 일의 손익만을 따지지 않고, 심지어 지금은 내가 손해를 보는 것 같지만, 하나라도 더 부딪히고 배워보자는 태도가 중요하다. 그런 사람들에게는 일을 향한 남다른 열정이 아우라처럼 보인다. 일의 손익만을 계산하기보다는, 내가 장기적으로 성장하는 데 이 일이 지닌 의미와 가치를 성찰해볼 것을 권하고 싶다.

1일 1실천학습

- ✔ 본인이 경험한 아르바이트, 단기 업무, 인턴십, 회사생활 등 조직생활에서 쓸모없었다고 생각된 일을 떠올려보기
- ✔ 과거에 나의 행위 중에 쓸모없을 것 같았지만 지금 돌아보면 자양분이 된 에피소드와 경험이 있는지 회고하기
- ✔ 과거에 쓸모없었다고 생각된 일이 다시 또 비슷한 패턴으로 전개된다면 어떻게 대응할 것인지 차분하게 글로 정리해보기

누구나 처음부터 화려하고 빛나는 역할을 맡지 않는다.
'내가 지금 이 일을 왜 하고 있는가'라는
고민하는 청년이 많을 것이다.
일의 세계에서 나에게 더 많은 일감이 몰려서
부당하게 느껴지거나, 혹은 내가 이런 것까지 해야 하는지
억울하다는 생각이 드는 사람도 있을 것이다.
그럴 때는 조금 더 넓은 시각에서 객관화를 시작해보자.

2. 맡겨진 일만 잘하지 말고, 다시 손을 들어라
: 분업 너머의 성장

우리는 일상에서 다양한 역할과 직무를 맡아서 처리하고 있다. 단위 업무마다 해야 하는 일들은 경계선이 나누어져 있으며, 개인이 할당받은 일은 정해진 마감 시간에 맞추어 일의 체계에 따라 수행되고 있다. 이러한 업무는 조직과 기관, 단체와 회사, 공동체 등의 거시적인 목표를 달성하기 위해 연결되어 있다. 현대 사회에서 우리가 처리하는 업무들은 공동의 목표를 달성하는 큰 그림 속에서 대부분 개별적으로 분업화되어 있다.

현대 산업사회의 체제와 구조를 분석한 에밀 뒤르켐(Emile Durkheim)의 『사회분업론』[2]에서는 "분업은 생산력을 향상시키고 사회의 질적·물질적 발전에 필수적"이라고 말한다. 칼 마르크스(Karl Marx)는 분업이 노동현장에서 인간의 소외를 초래한다고 보았지만, 뒤르켐은 분업이 구성원 간의 경제적, 상호 의존성을 높이기 때문에 사회 통합을 가져올 수 있다고 보았다. 그런데 나는 이 분업의 개념을 다시 생각하고자 한다. 국제협력 분야의 초심자라면 자신을 성장시키기 위해서 분업이라는 틀에만 갇히지 않고 맡은 업무의 경계를 넘어설 것을 권한다. 사실 우리는 분업 체계에 익숙해져 있다. 내가 맡은 일만 잘하면 된다고 생각한다. 그런데 당신이 국제개발, 국제협력의 실천 현장에 주니어로 참여한다면 내게 주어진 직무나 일의 경계선을 다시금 생각해볼 필요가 있다. 누구나 처음 일의 세계에 입문했을 때는 내 주변의 상사, 동료, 선후배들의 보이지 않는 평가를 받게 된다. 내게 주어진 업무를 성공적으로, 무탈하게 수행하는 것이 우선적 과제로 생각하게 된다. 그러나 초심자라면, 나에게 맡겨진 일을 잘 수행하는 것도 중요하지만, 내가 맡은 일과 다른 연결고리를 가진 일은 없는지, 조금 더 두리번거리면서 '내가 이 일을 통해서 더 배울 것은 없을까'라는 성장 욕구를 키워가는

2 에밀 뒤르켐. (2012). 사회분업론. 서울: 아카넷.

것이 중요하다.

이러한 태도는 조금 더 단시간에 스스로를 단련시키고 인식의 폭을 확장시킬 수 있다. 관련한 자원을 어떻게 연결하여 활용할 수 있는지, 어떠한 네트워킹을 통해서 내가 몰랐던 영역을 더 배워나갈 수 있을지, 어떻게 하면 조금 더 피드백을 받아서 업무 숙련도를 높일 수 있을까를 고민하는 태도는 그야말로 성장형 사고방식을 보여준다. 아무리 작은 일을 맡았다고 하더라도, 이를 통해서 내 주변의 동료, 선후배, 상사들이 가진 업무 처리 방식과 태도에서 무엇을 배우고(learn), 무엇을 배우지 않을지(unlearn)를 결정하고 판단해나갈 수 있다.

몇 해 전 나는 아세안 국가(ASEAN countries: 미얀마, 라오스, 태국, 캄보디아, 베트남, 필리핀, 말레이시아, 브루나이, 싱가포르, 인도네시아)와의 교육협력을 증진하는 방안을 모색하는 연구를 이끌고 있었다. 이 연구프로젝트를 보조하는 연구원에게는 10개 아시안 국가의 직업교육훈련 시스템에 관한 선행연구를 통해서 각 국가별 특징을 정리해오라는 미션을 주었다. 연구원은 직접 그 국가의 홈페이지를 통해서 문헌을 찾거나, 월드뱅크, 유네스코, 아시아개발은행 등 국제기구의 2차 문헌을 통해서 관련 자료를 요약해서 정리해왔다. 내가 그녀에게 요청했던 미션은 잘 완수되었다. 그런데 그 일을 마친 후 그녀는 다시 나의 연구실을 방문했다.

"박사님, 제가 주신 과제를 리서치하면서 흥미로운 연구 주제가 떠올랐는데요. 직업훈련교육체제가 여성의 불평등 문제와 어떤 관련이 있는지 궁금해서요… 이렇게 과제 마치면서, 따로 몇 자 정리해서 왔습니다. 혹시 제가 이렇게 접근해도 되는지, 논리적으로 맞는지 박사님의 신랄한 코멘트를 듣고 싶어서 찾아왔어요. 상처받아도 되니까 편하게 말씀해주세요."

그 연구원은 꼼꼼하게 정리된 문제의식과 핵심 연구질문을 정리해서 참고한 문헌까지 준비해온 것이다. 자기가 맡은 일을 잘 마치면서, 동시에 새로운 과제를 고민해서 피드백을 받고 싶다는 모습에 나는 흠칫 놀랐다. 조용히 맡은 일을 수행하던 그녀가 이렇게 새로운 성장하고자 하는 태도를 가지고 있는지 간파하지 못했다. 그 이후, 나는 업무 외에도 그녀에게 다양한 실전 경험과 노하우가 담긴 자료를 건네주고, 그녀의 습작 노트에 빨간 펜으로 피드백을 주고, 마침내 대학원 진학에 추천서를 써주면서 격려하게 되었다. 만약 그녀가 다시 손을 들고 내 연구실을 찾아오지 않았다면, 나는 줄곧 조용하게 자기 업무만 잘 처리하던 그 연구원의 성장 의지를 따로 눈여겨보면서 신경 쓰지 않았을 것이다.

국제협력 현장에서도 그렇다. 하나를 가르친다고, 모두가 열을 알 수는 없다. 오히려 요즘 청년들은 자기가 맡은 일감의 경계선이 분명하고, 분업(labor of division) 체계가 일의 효율과 성과를 높이기 때문에 주어진 일 외에는 관심을 기울이지 않는 경우가 많다. 그러나 국제협력 현장에서의 분업이 뒤르켐의 주장처럼 얼마나 연대와 협력의식, 나아가 사회통합을 이끌고 있는지에 대해서는 의문이다.

아시아태평양의 유네스코(UNESCO) 업무를 총괄하는 사무소가 태국 방콕에 있다. 한번은 유네스코 방콕에서 열린 국제회의에서 체계화된 분업이 어긋나게 되면서 잘 진행되던 회의가 혼돈에 빠진 적이 있다. 30여 개국의 다양한 관계자들이 참석한 회의에서 각 회의장마다, 회의장 내의 통역, 식음료 제공, IT 인프라 점검, 사운드 체크를 한 명씩 담당하고 있었다. 오전 회의는 잘 진행되었다. 그런데 점심 식사 후에 2명의 담당자가 식중독에 걸리면서 빈틈이 생기게 되었다. 2명의 담당자가 갑자기 앓아누우면서 국제회의를 보조하던 인력이 비는 사태가 발생했다. 각 회의장의 담당자들은 무조건 '자기가 맡은' 회의장만 전담하는 구조로 철저히 분업이 되어 있었고, 이들은 비정규 단기 노동자로 다른 세션을 맡은 담당자들과 협력할 필요도 느끼지 못하고 있었다. 유네스코 직원들은 이런 사태를 전혀 예상하지 못했고, 다른 인력이 이를 커버할 수 없을 만큼 모두 각자의 분업화된 업무에 투입되어야 하는 상황이었다. 2개 회의장의 참석자들은 통역문제부터 컴퓨터 연결문제 등이 발생함에도 불구하고 누구 하나 이를 통합적으로 처리하지 못하고 지연되는 상황이 벌어졌다. 이 경우, 미리 체계화된 분업과 업무의 매뉴얼이 있는 것도 중요하지만, 만약의 사태에 어떻게 대비해야 하는지 여백을 남겨두고 협력할 수 있는 방안을 고려할 필요가 있다.

물론 국제개발협력을 하는 작은 규모의 NGO, 소규모 회사에 취업하게 될 경우는 신입 직원이 예산부터 성과관리까지 모든 것을 책임지는데도 불구하고, 내부의 멘토링을 받거나 직무연수를 받지 못하는 경우가 허다하다. 이럴 때는 '맡은 일의 경계선 밖 사태에 열린 관심을 가지고 성장하려는 욕구를 표출하라'라는 이야기가 와닿지 않을 수도 있다. 이미 현업에서 A부터 Z까지 중구난방으로 혼자 많은 일을 처리하고 있을 가능성도 있기에 누구에게 무슨 피드백을 받고, 누구를 멘토로 삼아야 할지도 난감할 것이다. 그러나 내가 여기서 강조하고 싶은 것은 '성장하는 태도'이다. 일을 하면서 만나는 다양한 전문가들, 정책입안자, 사업 파트너 등 이들과 스쳐 지나가는 관계가 많을 것이다. 그러나 일회적인 만남이든, 업무상의 비즈니스로 형식으로 만나든 간에, 이렇게 느슨한 관계들 속에서 내가 어떻게 성장할 수 있을지 한 번 더 곱씹어 사고하는 것이 중요하다.

1일 1실천학습

- 자신이 속한 조직, 공동체에서 본인이 맡은 업무 이외에 다른 사람의 업무에 참여하면서 의외로 자양분을 얻은 사건이나 경험이 있었는지 돌아보기
- 맡은 업무만 소화하는 데 만족하지 말고, 보폭을 넓히며 역량을 키울 수 있도록 실천적인 조언을 주는 멘토를 만들고 찾아가기
- 내가 누군가의 도움을 받을 때, 혹은 누군가를 무조건적으로 지원해줘야 하는 상황이 생길 때 어떤 태도를 취하는 것이 본인의 성장에 도움이 될 수 있을지 생각하기

아무리 작은 일을 맡았다고 하더라도,
이를 통해서 내 주변의 동료, 선후배, 상사들이 가진
업무 처리 방식과 태도에서
무엇을 배우고(learn), 무엇을 배우지 않을지(unlearn)를
결정하고 판단해나갈 수 있다.

3. 무조건 불나방이 되지 말자
: 선행연구도 안 찾고 제안서를 쓴다?

처음 대학에 입문하는 대학생들이 골머리를 앓는 과제는 리포트를 쓰는 것이라고 한다. 시중에는 리포트 작성에 대한 수많은 가이드라인이 나와 있다. 하나의 작은 리포트를 작성하는 데도 과제를 분석하고, 주제 작성을 어떻게 이끌어가야 하는지 뼈대를 구성하고, 관련 자료를 수집한 후, 주제에 맞게 내용과 자료를 배치하여 집필하는 것이 중요하다는 것을 우리는 알고 있다. 필자가 앞서 국제협력 인재가 되기 위한 기초 지식 역량에서도 강조했듯이, 대학교육에서 기초 실력이 제대로 연마되었다면, 국제협력 분야에서 실무를 추진할 때 큰 난관은 없을 것이다. 그런데 왜 적지 않은 초급 실무자들은 제안서를 작성할 때 제대로 준비되지 않은 채로 제안서를 작성할까?

필자는 그동안 국제개발협력 사업을 선정하는 심사위원이자, 평가위원으로 해외 개발도상국가를 대상으로 진행되는 많은 개발협력 사업을 평가해왔다. 특히 교육 분야, 직업기술훈련 분야, 그리고 아동, 난민, 장애인, 여성 등 인도주의 협력 사업들을 평가해왔다. 주로 국가기관, 대학, 시민단체들이 개발협력 사업의 공모에 입찰하면, 이해관계가 없는 외부 전문가로서 그 기관들이 작성한 수많은 제안서를 밤낮으로 검토하며 다면적으로 평가하는 작업이다.

물론 면접 평가에서도 기관별 역량 차이가 나타나지만, 특히 서면 평가에서 제출된 자료들을 읽다 보면 역량이 높은 기관과 낮은 기관의 차이가 두드러진다. 사업의 목적과 의도를 제대로 파악하여, 핵심적인 사업 추진 내용과 효과적인 추진을 위한 방법론, 전략들이 합리적으로 작성되어 있는 경우는 우수한 평가를 받는다. 그런데 면접 참여 기회에서 탈락하는 제안서들은 공통적으로 '준비도'(readiness) 측면에서 부실한 경우가 많다. 여기서 준비도란 제안서를 제출한 대학, 시민단체, 기관, 기업 등이 그동안 얼마나 관련 경험을 축적했는지, 다양한 자원을 동원하면서 효과적으로 국제협력 사업을 운용할 수 있는지에 대한 제도적 역량을 포괄한다. 그런데 본 절에서는 제안서를 준비하는 실무자의 기초 역량과 태도에 초점을 두고 논의를 이어가고자 한다.

국제협력 사업의 공모에 참여해서 입찰을 받기 위해서는 경쟁력 있는 제안서를 작성해야 한다. 실무적인 측면에서 제안서의 초안은 대부분 한 사람의 실무자가 작성한다. 대개 실무자는 사무실 내에서 갖가지 현업을 가지고 있다. 실무자로서 여러 업무를 수행하면서 동시에 제안서를 작성한다는 현실을 십분 고려하더라도, 탈락한 제안서들의 뚜렷한 공통점은 관련 분야의 선행연구조차 읽어보지 않고 '무조건 이렇게 진행할 것이다'라는 선언만 하는 형국이라는 점이다. 제안서는 포부와 의지를 담은 선언문이 아니다. 큰 돈이든, 작은 돈이든 국가사업을 책무성을 가지고 수행하기 위해서 사업 프레임을 체계적으로, 합리적으로 수행할 수 있는 논거와 근거들이 제시되어야 한다. 그런데 부실한 제안서들을 살펴보면, 그동안 관련 사업들이 어떤 것이 수행되어왔으며, 유사한 사업들에 대한 사업 보고서, 선행연구, 논문들이 무엇이 있는지 제대로 검색도 하지 않고 제출한 것들이 많다.

가령 베트남, 캄보디아, 미얀마의 직업훈련사업이나 교육사업을 제안하는 경우는 이미 아세안 지역에 진출한 월드뱅크, 유네스코, 아시아개발은행, 일본의 JICA, 미국의 USAID 등 수십 년 동안 공여단체들이 진행했던 관련 사업들을 기본적으로 찾아봐야 한다. 자료가 이미 넘칠 정도로 많다. 그런 자료를 어떻게 찾느냐고 묻는 청년도 많다. 구글 등 주요 포털사이트에서 핵심 키워드 검색으로 수많은 관련 자료를 찾을 수 있는데도 말이다. 오히려 예상치 못한 데이터를 찾으면서 정보를 확장하는 것은 '곁다리의 수확'이라 할 수 있다. 왜 영문으로 작성된 보고서는 읽지 않고 제쳐두는가? 온라인 번역기는 우리에게 언어장벽을 말끔히 해소해주고 있는데도 말이다.

결국 이것은 태도의 문제라 할 수 있다. 얼마나 제대로 치열하게 준비할 것인가, 배우고 준비하는 자세가 갖춰져 있는가의 문제라 할 수 있다. 빨갛게 익은 감나무를 보면서 '와 맛있겠다'라고 생각하면서 자연스럽게 떨어질 날만 입을 벌리고 기다리는 형상이다. 누구도 당신의 입에 잘 익은 감을 먹으라고 대령해서 넣어주지 않는다. 일의 세계에 들어왔다면, 스스로 구하고 얻어야 한다.

한 걸음 더 나아가, 사업 추진에 교본이 되거나 벤치마킹을 할 수 있는 보고서의 저자 연락처를 찾아서 컨택을 해보는 적극성을 가져보기 바란다. 필자가 만난 실무자들 가운데 똑 부러지는 일 처리로 선명한 인상을 남긴 사람들이 있다. 이들의 공통점은 단순히 똑똑하게 일을 추진하는 모습 때문만이 아니라, 언제나 적극적인 자세로 배우려는 의지가 강하고 장애물을 돌파하면서 일하는 모습을 보인 사람들이었다. 그중의 한 사람은 NGO 실무책임자로서 취약계층 아동, 지역주민을 위한 지역개발사업을 아프리카에서 추진하고 있다. 그녀의 적극적인 일 처리 방식을 보여주는 일화가 있다.

"현장 사업을 하면 매일 처리해야 하는 일감들이 넘쳐납니다. 어느 날 기초선 조사(baseline survey)의 모범을 보여준 영국계 시민단체의 리포트를 보면서 감명을 받았어요. 군더더기 없이 잘 구성된 보고서를 읽으면서, 이걸 집필한 분들이 이미 아프리카 복지 사업에 노하우가 많을 테니 꼭 연락을 해보고 싶었거든요. 이메일이 없어서 해당 단체 홈페이지 내에 있는 런던 본부 연락처를 겨우 알아내서, 런던까지 전화를 걸었어요. 혹시 이 보고서의 저자와 연락이 닿을 수 있는지 물어봤습니다. 그런데 놀랍게도 마침 보고서를 쓴 저자들이 제가 근무하고 있는 아프리카 현지에서 사업을 추진하고 있다는 것을 들었어요. 메일 교환을 하는 것도 반가운 일인데, 직접 만나볼 수 있다는 너무나 기뻤어요. 마침내 어렵게 약속을 잡을 수 있었고 상상할 수 없을 정도로 많은 정보를 얻었어요. 같이 아프리카 협력 사업을 추진하는 입장에서 공감대를 형성할 수 있는 시간이었습니다. 그동안 너무 바빠서 마음만 있었지, 감명 깊은 보고서를 쓴 저자들에게 연락할 엄두를 내지 못했는데 이분들을 만나고 나서 더 넓은 네트워크가 확장됐어요. '결국 부딪히면 되는구나'라는 것을 깨닫게 된 시간이었어요."

선행연구조차 꼼꼼히 찾아보지 못하는 사람들에게는 이러한 적극성이 다른 세상 이야기로 들릴지도 모른다. 그러나 당신이 무언가를 찾고 구할 때 적극적으로 문을 두드리면, 새로운 배움이 이어질 수 있다. 여러 자료를 읽으면서 인상적인 정보나 아이디어를 준 저자에게 문건에 제시된 내용 이외에 궁금한 내용을 질의하거나, '당신의 연구로 도움을 얻었다'라고 마음을 표현하는 경험을 가져보기 바란다. 또 하나의 네트워크가 열리는 것을 경험할 것이다.

모든 사업 보고서나 선행연구를 다 읽지 못한다고 하더라도 적어도 우리나라 정부 부처와 주요 국제기구들이 수행한 기존 사업이 무엇이 있는지를 파악할 수 있어야 한다. 준비가 제대로 되지 않은 제안서에서는 기존 사업들로부터 어떤 교훈을 얻고, 자신들이 제안할 사업의 포지셔닝(positioning)은 어떠한 차별성과 경쟁력이 있는지를 검토하고, 더 나은 방향에서 이 사업을 성공시키겠다는 문제의식이 전혀 보이지 않는다. 마치 무조건 불나방처럼 "사업 공모가 떴으니 우리가 제안해보자"라고 관성적으로 실무자들에게 일이 떠넘겨지고 있는 것은 아닌지 성찰할 필요가 있다. 그리고 실무자는 지시를 받고 꾸역꾸역 일을 수행하면서 선행연구조차 읽지 않고 대충 자료를 짜깁기해서 제출하는 것은 아닌지 냉정하게 돌아볼 필요가 있다.

미얀마를 위한 ○○ 협력사업 제안서, 베트남에 대한 ○○ 사업 제안서, 캄보디아에 대한 ○○ 개발협력 제안서 등 부실하게 준비된 제안서들은 이미 온라인에 있는 각국의 개황을 '복사해서 붙여놓은' 자료들로 분량을 채우기도 한다. 국가에 대한 개황 정보, 통계자료 자체가 중요한 것이 아니다. 사업을 심의 평가하는 주체들은 제안서를 제출한 기관이 해당 국제협력 사업을 제대로 수행할 수 있는지를 다면적으로 평가한다. 어떠한 문제의식으로, 어떻게 사업을 구체적으로 진행할 것인지, 어떤 전략을 취할 것인지, 문제해결이 필요할 때는 어떻게 책무성을 가져갈 것인지에 대해서 종합적으로 평가한다. 그러므로 무조건 사업에 뛰어드는 게 아니라, 준비를 제대로 한 후 사업에 참여해야 한다는 것은 자명하다.

이 책을 일관적으로 관통하는 문제의식은 국제협력 분야에 진출하는 인재들이 얼마나 배우고 준비하는 태도가 갖춰져 있는가라는 질문이다. 우리는 일, 그 자체로부터 소외되지 않아야 한다. 모든 자유의지를 가진 인간은 주어진 일이든 스스로 찾은 일이든 동기부여를 하면서 나아가야 한다. 동기가 충만하다고 준비가 필요 없는 것은 아니다.

준비 없이 무조건 뛰어들어서 얻게 된 실패도 우리를 위축시킨다. 물론 실패를 통해서 우리는 다시 또 무언가를 배울 수 있지만 말이다. 그보다 중요한 것은 미리 체계적으로 준비하고, 기존의 국제개발협력 사업의 선험자, 실천가, 연구자들이 어떤 노력을 기울였는지, 그리고 성취한 것과 성취하지 못한 사업 범주가 무엇인지를 전체의 지도 안에서 파악하는 것이다. 이를 통해서 내가 참여하게 될 사업에서 우리 기관의 포지션을 찾고, 의미 있는 성과를 도출하기 위해 제대로 준비하는 태도를 갖추어야 할 것이다.

1일 1실천학습

- 아무리 현업에서 다양한 업무를 맡고 있다고 하더라도, 제안서를 쓸 때는 최소한 관련 국제협력 사업의 결과보고서, 선행연구, 논문 등을 찾아보고 숙지하기
- 기존에 해당 개발도상국에서 수행한 국제기구, 시민사회단체, 공여기관들이 진행했던 사업들의 전체 지형을 살펴보고, 교훈으로 삼을 것이 무엇인지, 우리 제안서의 경쟁력은 무엇인지, 잠재적인 협업의 파트너는 누가 될 수 있는지 맵핑하기
- 심사위원의 관점에서 역지사지로 본인이 쓴 제안서의 내용과 뼈대를 재검토하고 관련 논거를 찾아서 작성하는 연습하기
- 사업 추진에 벤치마킹 되거나 도움이 되는 보고서를 집필한 국내외 저자의 연락처를 찾아서 메일을 보내고 네트워크를 확장하기

결국 이것은 태도의 문제라 할 수 있다.
얼마나 제대로 치열하게 준비할 것인가,
배우고 준비하는 자세가 갖춰져 있는가의 문제라 할 수 있다.
빨갛게 익은 감나무를 보면서 '와 맛있겠다'라고 생각하면서
자연스럽게 떨어질 날만 입을 벌리고 기다리는 형상이다.
누구도 당신의 입에 잘 익은 감을 먹으라고
대령해서 넣어주지 않는다.
일의 세계에 들어왔다면, 스스로 구하고 얻어야 한다.

4. 성장하고 싶다면 두드려라

: 당신은 아직 완성되지 않았다

깨져도 된다!
나의 편협한 지식과 경험을 확장하기 위해
주변의 선배, 동료, 전문가에게 상시 조언을 구하자.

박사 논문을 쓸 때는 박사학위를 성공적으로 받은 사람이 제일 대단해 보였다. 학문의 즐거움은 차치하고, 전공 공부를 파고들고 논문을 쓰는 과정에서 자신의 무지와 한계에 부딪히면서 좌절감을 경험하는 것은 흔하다. 특히 인종적으로, 언어적으로, 문화적으로 다른 환경에 노출되면 필연적으로 긴장감이 높아지게 마련이다. 낯선 해외에서 모국어가 아니라, 외국어로 엄격한 학위과정을 헤쳐나가는 매 순간은 피가 마르는 시간이다. 나 역시 그랬다. 인고의 과정들을 거치면서 드디어 논문이 통과되고 박사심의위원회로부터 '박사가 되었다'라는 공인을 받는 순간, 이제 모든 산을 넘었다는 달콤한 착각에 빠져들었다. 대개 그렇게 성취에 도취된 시간은 일주일 후면 와장창 깨진다.

나의 학위 논문은 미등록 체류 외국인노동자(undocumented migrant workers)들이 주권국가에 법률적 관점에서 불법적으로 체류하고 있지만, 이들이 이주노동 유입국(host countries)에서 다양한 학습활동을 하고 학습주체(learning agency)라는 새로운 관점을 밝히는 것이었다. 그래서 긴 시간 동안 이주노동자의 삶, 노동, 인권, 요구, 다양한 목소리를 연구했기에 이 부분에 대해서는 나 나름대로 정통하다고 생각했다. 그러나 영국에서 학위가 끝난 후, 오랫동안 이주노동자의 인권 향상을 지원해온 신부님, 시민단체 활동가들과 우연히 만나 대화를 하면서 내가 아는 것은 정말 '태평양 바다에 던져진 하나의 돌멩이' 수준이라는 반성을 하게 되었다. 실천 현장에서 오랫동안 투신한 활동가들의 다채로운 목소리를 들으니, 책상에서 논문만 쓰고 있던 나로서는, 아는 것이 너무 없어서 부끄럽다는 생각이 들었다. 이주노동 송출국에서는 어떤 일이 일어나고 있는지, 그곳에서 이주노동자들은 어떤 목적을 가지고 이주노동을 감행하는지 근본적으로 조망하지 못했다. 노동자로 출국하기 전에 어떤 마음가짐을 가지며 관련 기술을 준비하는지 등 학위 논문에서 다루지 않았던 복잡한 이주노동 시장에 대해서는 아는 것이 별로 없다는 자각을 하게 되었다.

나는 완성되지 않았었다. 내가 모르기 때문에 현장의 실천가들에게 조언을 구하고, 정보와 네트워킹의 채널을 알려달라고 부탁의 문을 두드리고 협력을 구했다. 이 분야로 성공적으로 학위를 받은 박사라는 자의식을 내려놓고, 다시 현장을 알기 위해서 당장 필리핀 마닐라의 스칼라브리니 이주센터로 날아갔다. 1987년 문을 연 스칼라브리니 센터는 아시아의 대표적인 이주연구 및 실천 센터라 할 수 있었다. 여기서는 아시아를 포함하여 아메리카, 아프리카, 유럽에서 일어나는 이주민 관련 방대한 자료를 수집하고 있었다. 센터에 상주하는 현지 신부님들이 이주민의 현지 가정과 자녀교육 문제, 이주노동으로 인해서 영향을 받는 가족관계, 금전 관리와 송금 이슈, 귀국 후 적응을 위한 정신건강 등을 세심하게 돌보며 지원하고 있었다.

나는 그곳에서 머물면서 이주여성들을 지원하는 봉사활동을 했다. 대의명분은 봉사활동이었지만, '이주노동자'라는 이름과 숫자로 드러나지 않는 그들의 삶, 꿈, 목소리를 들여다볼 수 있는 귀한 배움의 시간이었다. 이주여성들에게 필요한 영어 서류를 챙겨주며 필요한 기술을 함께 점검해주고 비행기에 탑승하기 전까지 긴장되는 마음을 다독이고 소통하는 역할을 하였다. 실제로 필리핀 노동부는 사우디아라비아, 바레인, 두바이 등 중동의 석유 부국에 가사도우미로 진출하게 되는 여성들을 '필리핀 경제의 버팀목'이라고 칭할 만큼 외화를 벌어주는 중요한 인력으로 인식한다. 국내에서 질 높은 일자리가 없기에 해외근로자 파견이 불가피한 개발도상국의 선택 뒤에는 어떤 일들이 벌어지고 있는가? 수십 년간 많은 아시아 여성이 중동국가에서 학대를 당하고 불법적으로 거래되는 인권 침해 현상이 지적되었지만 구조적인 개선은 이루어지지 않고 있다.

내가 말하고 싶은 것은 국제개발협력 현장에서도 자신의 좁은 동굴에서 벗어나서, 더 넓게 사고하고 영향력 있게 행동하기 위해서 주변의 가용한 자원을 찾고 동원하고 연결하려는 적극성이 필요하다는 점이다. 그러기 위해서 실천 현장의 다양한 사태, 현상, 관계, 갈등상황, 소통과정을 접하는 것이 곧 학습의 과정이라고 할 수 있다.

이처럼 현장에서 배운 것을 내 개인의 자산으로 만들고, 내가 몸담고 연계된 조직의 자산으로 만들어가는 것이 중요하다. 한 걸음 더 나아가, 어떤 분야든 경륜을 갖춘 전문가는 있다. 전문가를 멀리 있는 타자로 인식하는 것이 아니라 나를 성장시켜주는 가까운 존재로 인식하는 자세도 필요하다. 그들의 선행 경험과 노하우를 정중하게 활용할 수 있도록 문을 두드리는 자세가 필요하다. 나와 당신은 아직 완성되지 않았다. 그렇다면 조언을 얻기 위해서, 지혜를 얻기 위해서 배움의 문을 두드리자.

1일 1실천학습

- ✔ 본인이 전문가로 성장하기 위해서 자신의 현재를 분석하기(지식, 정보, 네트워크의 수준)
- ✔ 내 주변의 다양한 자원들을 찾아보고 연결시키는 연습하기
- ✔ 실천 현장에서 배운 것을 개인과 조직의 자산으로 만들기
- ✔ 자신이 성장하고 싶은 분야에 있는 전문가에게 조언을 구하고 자문을 요청하기

국제개발협력 현장에서도 자신의 좁은 동굴에서 벗어나서,
더 넓게 사고하고 영향력 있게 행동하기 위해서
주변의 가용한 자원을 찾고 동원하고
연결하려는 적극성이 필요하다는 점이다.
그러기 위해서 실천 현장의 다양한 사태, 현상, 관계,
갈등상황, 소통과정을 접하는 것이
곧 학습의 과정이라고 할 수 있다.

5. 깨져도 된다

: 아직 무지한 자신에게 투자하기

‘목마른 사람이 우물을 파는 법이다’라는 말이 있다. 국제협력 관련 강의가 끝나면 청년들은 나를 붙들고 수많은 질문을 던진다. 거기다 강의 때 공개한 내 메일 주소로 못다 한 질문을 하는 청년들도 많다. 질문과 답변을 주거니 받거니 하게 되면 그 과정은 어느덧 멘토링이 되어 있다.

어중간한 실력과 어중간한 욕망 사이에서 방황하고 있는 후배들이 많다. 나는 여기서 그들의 사회경제적 배경이나 문화적 자원의 문제는 논외로 하겠다. 큰 공통점이 두드러진다. 이 청년들은 모두 ‘너무 잘하고 싶은데, 깨지기 싫어하는’ 태도가 공통적으로 나타난다. 다른 사람에게 칭찬받고 싶고, 자신이 못하는 부분이나 미진한 실력은 최대한 들키지 않고 무난하게 나아가고 싶어한다. 누구나 어떤 일을 할 때, 자신이 쓴 성과물이나 의사소통 방식을 지적받으면 따끔하고 불편하다. 그러나 그것이 곧장 ‘상처’로 각인되는 것은 아니다. 오히려 성장하기 위해서 지금의 무지, 부족함, 어설픈 실력을 바로잡고 채워 넣어서, 나의 맷집을 키우기 위해 무참히 ‘깨져볼 수 있다’라는 태도가 더욱 중요하다.

내가 프로젝트 보조를 맡긴 석사급 연구 조교가 2명이 있었다. 두 사람 모두에게 같은 주제와 같은 범위의 리서치를 맡겼으며, 마감 시한도 같았다. 일주일의 기한 동안 두 사람이 준비한 방식은 확연히 달랐다. 한 조교는 나에게 수시로 연락을 하면서 ‘이런 관점으로 접근해서 조사하는 것이 맞나요? 여기서 말하는 개념의 범주가 제가 기존에 생각했던 내용과 사뭇 다른 것 같은데, 이렇게 그냥 일반화해서 정리해도 될까요? 심지어 선행연구에 넣은 참고문헌은 몇 년도부터 몇 년도까지를 추려서 활용할까요?’라는 숱한 질문들로 과제를 준 나를 끊임없이 ‘붙잡아’놓았다. 내가 피드백을 줄 때마다 그 연구원은 자신이 기존에 생각한 조사 방식이나, 사업 진행의 방향을 ‘돌다리도 두들겨 가며’ 진행하듯이 무수히 깨면서 진행하고 있었던 것이다. 다듬어가고 정련화하는 과정에서 과제를 준 사람을 합리적으로 활용한 것이다. 그런데 다른 한 명의 조교는 전혀 나에게 추가적인 질문하거나, 확인하는 등의 어떤 연락도 하지 않았다. 그래서 나는 속으로 '이 조교에게 내가 준 과제의 난도가 그리 높지 않아서 혼자서 잘 정리하고 있구나'라는 짐작만 하고 있었다.

일주일의 시간이 지나, 리서치 결과에 대한 공동의 발표가 있었다. 결과는 어땠을까? 나에게 피드백과 코멘트를 받으며 지속적으로 조사 내용을 조율했던 조교의 성과물이, 아무런 질문도 하지 않고 혼자서 준비하던 조교의 성과물에 비해서 압도적으로 뛰어났다. 우리는 이 사례에서 분명히 시사점을 얻게 된다. 두 사람이 기존에 어떤 지식을 가지고 있는지, 어떤 선행 경험을 가지고 있는가 하는 축적된 지식 자산보다는, 일에 접근하는 태도의 차이가 결과물의 질을 결정하는 데 중요하다는 것을 보여준다. 나는 이를 '성장을 위해서 깨지는 자세'로 설명하고자 한다. 여기서 깨진다는 것은 학습이론에서 설명하는바, 기존의 선험적 지식과 인식, 관점 등의 균열(disjuncture)을 의미한다. 아는 지식을 그대로 적용하는 것이 아니라, 새롭게 주어진 과제 속에서 그 지식이 합리적으로 적용될 수 있는지 다시금 분석하고, 자신이 부족하거나 무지한 것을 인정하면서 새롭게 배운 것을 지식의 체계 속에 재구성하는 태도 역량까지 포함하고 있다.

주어진 과제를 해결하는 방법을 모르거나 혹은 잘 알고 있는 분야라고 하더라도 '이렇게 접근하는 게 최선일까?'라는 질문을 하는 습관은 매우 중요하다. 특히 개발도상국에서 직면하게 되는 많은 프로젝트는 우리의 예상과 기대를 벗어나는 경우가 다반사이다. 내가 믿는 신념과 예측한 방향대로 현장의 생태계가 척척 굴러가지 않는다. 성장하고 싶다면 깨질 준비가 되어야 한다.

1일 1실천학습

- ✔ 주어진 일, 과업의 개념 및 범위를 내가 제대로 파악하고 있는지 스스로 질문하기
- ✔ 마감 시간에 맞추어 최고의 성과물을 낼 수 없다면, 현재 장애물이 무엇인지 체크 리스트를 만들어서 하나씩 해결하는 방안을 작성하기
- ✔ 상사, 선배, 전문가들에게 완성본이 아니라, 초안 수준의 진행 상황을 중간단계에서 점검받고 핵심적인 피드백을 구하기

두 사람이 기존에 어떤 지식을 가지고 있는지,
어떤 선행 경험을 가지고 있는가 하는 축적된 지식 자산보다는,
일에 접근하는 태도의 차이가 결과물의 질을 결정하는 데
중요하다는 것을 보여준다.
나는 이를 '성장을 위해서 깨지는 자세'로 설명하고자 한다.

6. 국제협력 현장의 부당함에 맞서기

: 역량을 펼치는 것이 곧 자유다

지금도 지구 반대편의 개발도상국 현장에서 땀 흘리며 묵묵히 일하는 청년들이 있다. 물적 자원이 빈약하고 생활 여건이 불편한 개도국에서 국제개발협력 사업에 애쓰고 있는 청년들은 각자 신념과 목표가 있을 것이다. 이들 개인의 꿈을 펼치는 것뿐만 아니라, 국제사회에서 한국의 외교적 역할론에 있어서도 청년들의 국제무대 진출은 매우 중요하다.

그동안 필자는 국제협력 분야로 진출하는 청년들을 위한 특강과 워크숍에서 다양한 진로 고민을 듣게 되었다. 그들은 이미 열정이 충만한 사람들로 보였다. 그런데 가슴이 뛰는 일을 찾아서 이 분야에 발을 내디뎠지만 막상 실무 현장에 입문한 이후에도 현업에서 갈등과 고민에 빠지는 경우가 많다.

"지금 저는 각종 행정 잡무를 처리하는 업무를 맡고 있어요. 여러 서류 더미를 처리하다 보니 때로는 이 일이 국제적인 일이 맞는가 하는 회의감이 듭니다. 큰 그림을 보면서 사업을 수행하지 못하고 그저 행정서류를 만들고 계속 영수증을 처리하면서 하루하루를 보내니, 잘하고 있는 것인지 현타가 옵니다. 때로는 여기가 외국인지 한국인지 헷갈릴 정도예요."

국제개발협력 분야에 입문한 청년들 가운데 행정업무로 번아웃(burnout)을 경험하고 불안정한 미래에 대해 막연한 두려움에 휩싸이는 경우가 많다. 필자가 만났던 많은 청년은 일종의 산업화된 개발협력 사업에서 소외감을 가지거나, 업무 자체를 '수표 어음 막아내듯이' 허덕이면서 처리하다 보면 '이 길이 맞는가'에 대한 고민에 빠진다고 토로했다. 청년 대부분은 한국을 벗어나서 아프리카, 아시아, 중남미 등 다양한 개도국에서 자신의 신념을 펼치기 위해서 기꺼이 비행기에 올라탄다. 그런데 대부분은 핵심업무에 투입되기보다는 행정을 지원하는 보조적 역할을 하면서 위에서 시키는 일을 닥치는 대로 처리해야 하는 막막함에 휩싸이게 되는 경우가 많았다고 한다.

코이카의 1급 전문가(교수, 박사, 기술자 등)의 디렉션을 받아서 일할 때도 복불복인 경우가 있다. 각 섹터의 최고 전문가를 만나서 그들이 쌓아온 전문지식, 통찰력, 문제해결력, 리더십을 옆에서 가까이 보고 배울 수 있는 기회도 있다. 반면 사업 추진 프레임을 효율적으로 짜지 못하고 책임을 전가하는 전문가를 만나거나, 지시 명령조로 상명하달에 익숙한 상사를 만나게 될 경우는 제대로 된 업무 역량을 배울 수도 없을뿐더러, 상처를 받고 외롭게 혼자 버텨야 하는 경우도 많다. 게다가 개발협력 분야에서 경력을 쌓았지만 양질의 일자리 부족으로 이직하는 것도 쉽지 않고 경력을 모두 인정받지 못하는 경우도 다반사이다. 심지어 어떤 파트너 기관에 입사하느냐에 따라 4대보험 가입여부, 산재처리 등 최소한의 복지 혜택을 받는 것도 달라진다.

이러한 이슈들은 이 분야에 입문하는 개인 청년들이 자조적으로 개선하거나 감당할 수 없는 구조적인 혁신이 필요한 부분이다. 그런데 이 책에서는 청년들이 현업에 입문하면서 겪는 어려움과 고충을 감추는 것이 아니라, 도전적인 상황이 닥쳤을 때 어떻게 대응해야 하고 어떻게 자신의 힘을 키워가야 하는지에 초점을 두고자 한다.

여러분이 국제개발협력의 세계에 첫발을 내디딜 때의 각오와 신념을 잃지 않고 부당함을 직면할 때는 맞서서 힘을 키워나가야 한다.

첫째, 가장 중요한 것은 적극적인 의사소통이다. 감정적으로 접근하는 것이 아니라, 본인이 실무 현장에서 어떤 직무를 수행하고 있으며, 이러한 직무 수행 속에 구조적인 어려움이 무엇이며 심리적인 난관이 무엇인지 적극적으로 어필하고 소통하는 것이 첫 단추라 할 수 있다. 상황과 상대에 따라서 이를 말로 표현하는 것이 어렵다면, 꼼꼼하게 기록하고 문서로 소통하는 것도 하나의 방법이라 할 수 있다.

둘째, 혼자 해결하는 것이 아니라 함께 해결하기 위해서 주변의 도움을 구한다. 개발협력 실천 현장에서 일어나는 각종 이슈를 그 현장에 함께 없는 사람들이 100% 모두 이해할 수 없다. 그렇지만 나의 어려움을 공감하고 함께 머리를 맞대고 해법을 찾아줄 수 있는 제3지대의 선배, 전문가, 멘토를 찾아 지혜를 구하는 것이 필요하다. 혼자 무조건 버티는 것이 아니라 솔루션을 찾기 위해서 주변을 둘러보고 손을 내밀어보자. 그때 여러분이 직면한 문제의 경중과 심각성의 수준도 조금 더 객관적인 시각으로 다시 한번 돌아볼 수 있을 것이다.

셋째, 개인적으로 겪은 부당함을 제도적인 개선으로 나아갈 수 있도록 공식적인 루트를 찾아서 공론화시킬 필요가 있다. 대부분의 개인은 공론화하는 것을 꺼리고 불편해한다. 과연 내가 경험한 부당함에 대한 구조적인 문제해결이 될 수 있을까 하는 회의감이 들기도 하고, 국제개발협력 업계가 좁다 보니 굳이 문제를 일으키고 공론화하는 당사자가 되는 것이 꺼려지기 때문이다. 그럼에도 불구하고 우리는 사업을 발주한 주체가 유상, 무상의 개발협력을 추진하는 국가기구라는 점을 상기할 필요가 있다. '인류 공동의 번영'을 기원하는 국제협력의 세계에서 작은 개인들이 부당한 일을 경험하게 된 사안을 결코 가볍게 다룰 수 없을 것이다. 아울러 국가는 이러한 공적 보고 체계를 통해서 교훈을 얻는 작업을 해야 할 것이다. 열린 소통의 창구를 안정적으로 보장하고, 이 분야에 숙련된 노하우를 쌓아가고 있는 청년 인재들을 보호하고 역량을 키워주는 것이 중요하다.

나는 국제협력 무대에서 청년들이 부당함에 맞서 정의를 구현하는 투사가 되라고 조언을 하는 것이 아니다. 개인들이 마주하게 되는 부당함은 곧 사회적인 문제이기 때문이다. 한 걸음 더 나아가서 이러한 부당함이 개발협력 무대에서 청년이 보유한 '자유'라는 역량을 훼손하기 때문에 우리가 함께 주목해야 한다. 자유란 무엇인가? 노벨경제학상을 받은 아마티아 센(Amartya Kumar Sen)[3]은 일찍이 '개발이란 곧 자유의 확산'이라고 주장했다. 여기서 자유는 개인적인 맥락의 자유로 한정되는 것이 아니라 사회적이고 환경적인 맥락을 반영하는 것을 의미한다. 개인적 자유와 환경적인 자유는 모두 중요한 것이다. 또한 개인과 사회에게 자유는 곧 역량이다. 국제개발협력 분야에 종사하는 청년 개인은 개발도상국의 발전과 자유를 도모하는 마음으로 투신한다. 그런데 우리 청년들이 구조적인 이유로 스스로 자유라는 역량을 펼치지 못하는 현실은 역설적이다.

센(Sen)의 논의를 발전시킨 마사 누스바움(Martha Nussbaum)[4]은 모든 사람이 적극적인 자유를 추구해야 한다고 주장했다. 누스바움은 행위주체성을 가진 모든 사람이 존엄성을 가지고 인간다운 삶을 살도록 하는 것을 역량 개념으로 설명하였다. 그녀는 우리가 구현할 정의는 이 세상에 태어난 개인들이 각자 자신의 역량을 충분히 개발하도록 존중하는 것이라고 말했다. 이러한 맥락에서 누스바움은 생명, 신체의 건강뿐만 아니라, 인간의 감정, 상상력, 사고를 통해서 지성을 발전시키고, 실천이성을 키우며, 자존감을 지키며 타인과 관계를 맺을 수 있는 역량들도 중요하다고 말했다.

나는 개발협력에 참여한 청년들이 스스로 자유라는 역량을 개발시킬 수 있도록 개발협력의 생태계를 안전하고 지속가능하게 발전시켜야 하는

---

3 아마티아 센. (2013). 자유로서의 발전, 김원기 역. 서울: 갈라파고스.

4 마사 누스바움. (2015). 역량의 창조: 인간다운 삶에는 무엇이 필요한가. 파주: 돌베개.

책무가 우리 모두에게 있다고 생각한다. 이를 위해서 부당함과 불평등을 감추고 숨기는 것이 아니라, 역량을 개발하기 위해서 직면하고 개혁해야 하는 과제를 함께 찾아가야 한다고 생각한다. 누스바움의 말처럼, 선을 이루기 위해서 다양한 사람들과 수평적인 관계를 맺으며 연대하고 실천이성(practical reason)을 키워가는 것이 필요하다. 개발도상국의 발전과 이 분야에 참여한 청년들의 역량 개발은 동떨어진 개념이 아닐지도 모른다. 청년들이 역량을 펼치는 것이 곧 자유이다. 자유를 억압하는 구조에 대해서 함께 대안을 찾고 목소리를 높여야 하는 이유이다.

1일 1실천학습

- ✔ 평소 부당한 경험을 당했을 때 어떻게 대응하는 경향이 있는지 스스로 진단하기
- ✔ 국제협력 사업에 참여하고 있을 때 난관을 만나거나, 불평등한 일을 당할수록 적극적인 의사소통으로 하기
- ✔ 혼자 해결하기 어렵다면 함께 해결할 수 있는 주변의 도움을 구하기
- ✔ 내가 속한 조직, 기관, 공동체에서 역량을 억압당하거나 자유를 발휘할 수 없다면 공식적인 제도 개선의 루트를 찾기
- ✔ 부당한 상황에 직면했을 때 나만의 솔루션을 하나씩 만들어나가기 (예: 심호흡하면서 사태를 객관적으로 살펴보기, 상대방의 의견과 입장을 충분히 듣고 내 입장을 차분하게 밝히기, 나의 의견을 효과적으로 표현하는 연습하기)

부당함과 불평등을 감추고 숨기는 것이 아니라,
역량을 개발하기 위해서 직면하고 개혁해야 하는
과제를 함께 찾아가야 한다고 생각한다.

7. 국제무대에서 나도 편견의 대상이 될 수 있다

: 고정관념 깨기

우리는 타인에 대해서 편견과 고정관념을 가지지 말라는 규범적 조언을 종종 접한다. 그런데 나도 타인에게 편견의 대상이 된 경험이 많다. 내가 유학할 때 영국인들의 '한국이 어디에 있느냐? 중국의 식민 지배를 받지 않았는가? 일본의 섬 밑에 붙어 있는 나라인가?' 등 얕고 무지한 질문에 자주 노출되었다. 한국이라는 국가에 대한 편견, 한국 여성에 대해서 뉴스로 접한 편견 등을 여지없이 드러내기도 했다. 그들은 '개발도상국에서 온 유학생이 공부하느라 참 애쓰는구나'라는 시선으로 나를 내려다보았을지도 모른다.

박사학위를 받고 호주로 건너가 시드니과기대(UTS)에서 대학원생들을 가르쳤다. 수업 첫날 강의실에서의 기억을 잊을 수 없다. 호주에서는 현업에 있는 직장인들이 석사과정에 진학하는 경우가 많다. 내가 가르친 '국제평생교육론' 수업에도 성인학습자가 다수를 차지했다. 여느 수업의 시작과 마찬가지로, 나는 출석부를 챙기고 준비한 출력물을 나눠주기 위해서 미리 교실을 둘러보고 정비하고 있었다. 칠판을 다시 한번 깨끗하게 닦고 수업 시작을 위해서 교단에 섰다. 갑자기 한 사람이 손을 들면서 질문했다.

"교수님은 어디 있나요?"
"접니다. 제가 이번 학기를 가르칠 거예요."
"아, 난 당신이 이 수업의 조교라고 생각했어요."

사실 호주에는 영어를 배우기 위해 어학연수를 오거나, 돈을 벌면서 영어를 습득하는 워킹홀리데이 프로그램에 참여하기 위해 한국에서 오는 청년들이 많다. 이것이 호주사람들이 생각하는 한국인에 대한 전체적인 이미지로 고착화되어 있었다. 대학원 수업에 갓 박사학위를 마친 젊은 아시아 여성이 교수로 그들 앞에 서 있는 상황이 익숙하지 않은 장면이었던 것이다. 그 학생의 갑작스러운 질문 덕분에 첫 수업은 '우리의 편견에 관한 종합세트'를 토론하면서 수업을 이끌어나갔다. 편견은 사회문화적으로 어떻게 작동하는지, 교육을 통해서 편견을 해체할 수 있을지 등 각자의 경험을 통해서 편견을 둘러싼 교육사회학적 접근을 시도하였다.

한번은 남아프리카공화국에 소재한 프리 스테이트 대학(University of the Free State) 정치학부의 초청으로 국제회의에 참석하게 되었다. 초청 연사들을 위해 대학의 행정팀에서 비행기 티켓을 예약하려고 나의 이력서와 약력 등 기본 정보를 물었다. 비행기 예약인데 여권 사진을 카피해달라는 요청은 없었다. 학교 측이 거래하는 여행사를 통해서 편한 좌석을 보내주겠다고 친절하게 지원해주었다. 그런데 문제는 그 행정 직원이 메일을 교신할 때마다 'Thank you Dr Mr. Kim'이라고 쓰는 것이었다. 보통 해외 교신 메일에서는 박사학위가 있으면 박사(Dr.)를 쓰고 성별은 학위가 있을 때는 거의 쓰지 않는데 독특한 남아공의 문화인가? 라는 정도로 흘려서 생각했다. 혹시나 싶어서 그 행정 직원에게 'Please note that I am actually female'(사실 나는 여성이니 참고하세요)라고 출국 이틀 전에 메일을 남겼다. 바쁘게 논문 발표 준비를 하다가, 호주에서 남아공으로 넘어가는 비행기를 타러 공항에 갔다.

그런데 그날 나는 결국 비행기를 탑승하지 못했다. 남아공에서 나의 성별을 '남성'으로 버젓이 기입해서 비행기를 예약한 것이다. 내가 학회 초대장과 이메일 교신 정보를 공항 직원에게 보여주었지만 소용이 없었다. 너무나 황당했다. 나를 초청한 교수에게 이런 이유로 비행기를 놓쳤다고 성토를 하니, 그 역시 안타까워하며 사과했다. 결국 나는 모든 학회 참석자들보다 하루 늦게 케이프타운에 도착했다. 자초지종을 물었다. 도대체 왜 자꾸 남성으로 확신하고 메일을 쓰고 비행기 티켓까지 예약한 것인지를. 그의 답은 이랬다.

> "보통 학술대회에 기조 강연을 하러 오는 90%의 학자가 남성이라서, 그 행정 직원도 당연히 'Mr.'로 확신했던 거 같아요. 특히 아시아에서 온 여자 교수는 본 적이 없어서 그랬다고 합니다."

이런 사건들을 통해서 내가 언제든 편견의 대상이 될 수 있다는 점, 우리의 고정관념은 생각보다 견고하다는 점을 알 수 있다. 그렇기 때문에 기존의 규범과 틀에서 벗어난 이질적인 사례, 새로운 롤 모델, 편견을 깨는 괄목할 사례가 더 많아져야 할 것이다. 한 걸음 더 나아가, 이를 공론화하고 문제를 제기하며, 인식을 전환하는 교육적 환기가 필요할 것이다.

오바마 전 미국 대통령은 자신이 인종, 계층, 권력의 복합적인 편견의 대상이었다는 것을 공론화하였다. 피플지[5]와 인터뷰를 통해서 오바마는 "대통령이 되기 전, 만찬장에 갔더니 나를 웨이터로 알고 커피 주문을 하는" 사람을 만났다고 밝혔다. 화려한 만찬에 참석했을 때 턱시도를 입은 오바마 대통령을 보고 웨이터로 오해한 어느 파티 참석자가 그에게 커피를 가져다 달라고 요구한 것이다. 만찬장에서 흑인들이 주로 웨이터로 일하는 것이 일반적이라 그랬는지, 흑인 대통령의 얼굴이 익숙하지 않아서인지 모를 일이다. 그는 대통령이 되기 전에 변호사로 일할 때의 경험도 공유했다. 식당에서 식사를 마친 뒤 대리주차 서비스를 맡긴 자동차를 기다리는 경우에 종종 주차장 직원이 차 열쇠를 건네주지 않거나, 다른 손님들이 주차장 직원으로 오해해서 차를 빼달라는 요청을 하기도 했다고 말했다. 이에

5 PEOPLE. (2014. 12. 17.). The Obamas: How We Deal with Our Own Racist Experiences.

대해서 그는 "내 또래의 흑인 남성을, 차를 몰고 오는 전문직 종사자라고 여기지 않기 때문"이라고 설명했다. 그는 이 사례를 개인적인 에피소드로 웃어넘기지 않았다. 오히려 흑인이라는 이유로 열등한 집단, 혹은 범죄자로 몰리는 사태의 위험성과 인종에 대한 고착화된 편견의 실체를 다 함께 생각해보자는 취지에서 반차별교육의 필요성을 강조한 것이라 할 수 있다.

여러분이 국제무대에서 활동할 때 당신의 역량과 진가를 알아보지 못하고 편견을 가지고 접근하는 사람을 만나는 경우도 종종 있을 것이다. 물론 유쾌하지 않은 경험이다. 그런데 중요한 것은 타인의 시선으로 편견의 대상이 되어보는 경험을 통해서 우리 사회의 과제가 무엇인지 인식해보고, 나 역시 어떤 편견을 가지고 있는지를 생각해보는 계기가 될 수 있다. 이를 통해 내가 속한 일의 세계에서 나부터 무엇을 개혁하고 무엇을 바꾸어나가야 하는지 각오를 다지는 시간을 축적해가야 한다.

1일 1실천학습

- ✔ 내가 기존에 가진 편견의 대상, 경험, 에피소드를 떠올려보고 당시 맥락을 객관적으로 되짚어보기
- ✔ 주변에서 발생하는 편견의 사례를 검토해보고 각 사례를 해결하기 위한 방편을 정리해서 메모하기
- ✔ 타인의 시선으로 내가 편견의 대상이 되었을 때 어떻게 그 상황을 돌파하며 '온전한 나'로 인식될 수 있을지 자신만의 전략 세우기

내가 언제든 편견의 대상이 될 수 있다는 점,
우리의 고정관념은 생각보다 견고하다는 점을 알 수 있다.
그렇기 때문에 기존의 규범과 틀에서 벗어난
이질적인 사례, 새로운 롤 모델, 편견을 깨는 괄목할 사례가
더 많아져야 할 것이다.
한 걸음 더 나아가, 이를 공론화하고 문제를 제기하며
인식을 전환하는 교육적 환기가 필요할 것이다.

국제개발협력 인재가 갖추어야 할 탄력성

1. 참여한 국제 프로젝트의 진행 과정에서 난관과 어려움이 무엇인지 객관화하여 적어보기
2. 내 개인의 문제인지, 제도적인 문제인지를 냉정하게 진단하기
3. 실패나 지연, 해결되지 않는 장벽을 극복하기 위한 나만의 전략 수립하기
4. 자기 확신과 격려하기
5. 멘토의 도움을 구하고 받기
6. 작은 성공의 경험을 가지도록 달성 가능한 목표를 재정립하기
7. 국제개발협력 생태계에서 자기 혁신 도모

제4장

Skill & Behaviour

: 수행능력이 곧 실력

1. 국제적 의사소통과 문화적 맥락화
: 외부와의 교섭력을 잃지 않는 소통

인간은 사회 속에서 살아간다. 물리적으로 멀리 떨어진 공간에서 혼자 살아간다고 해서 사회와의 무형적, 유형적 관계가 아예 끊어지는 것은 아니다. 이 사회는 매우 다양하다. 내가 가진 관점, 가치관, 입장과 상대방이 생각하는 관점, 신념, 입장은 늘 같지 않고 대부분 다르다. 그야말로 다양성의 세계이다. 이렇게 다른 사람들과 더불어 살아가기 위해서 우리는 타인과 소통하고 상호작용을 이어가야 한다.

사회생활을 하면서 의사소통이 중요하다는 것에 대해서는 누구나 알 것이다. 성공적인 의사소통의 원칙과 가이드 라인도 여기저기서 많이 들어봤을 것이다. 타인의 입장에서 생각해보고, 공감을 표시하며 경청을 하고, 명료하고 효율적으로 말하는 습관을 가지며, 맥락에 맞게 의미를 적용하는 것 등 정서적 측면과 기술적 측면 모두에서 의사소통을 잘하기 위한 방법론은 익히 알려져 있다. 다니엘 골먼(Daniel Goleman)[1] 같은 심리학자는 타인의 감정과 의도를 읽고 사회 속에서 잘 어울리는 능력을 '사회적 지능'이라는 개념으로 설명하기도 했다. 굳이 이론적으로 의사소통론으로 명명하거나, 인간관계론 등의 개념을 빌리지 않더라도 타인과 어울려 살아가기 위해서 우리는 끊임없이 상대작용을 해야 한다.

OECD의 「THE FUTURE OF EDUCATION AND SKILLS Education 2030」, 「21st Century Skills and Competences for New Millennium Learners in OECD Countries」, UNESCO의 「Education for the 21st century: learning to learn」 등 주요 국제기구가 발간하는 21세기 역량 보고서에서 미래사회에 필요한 역량으로 공통적으로 손꼽는 것

---

1 Goleman, Daniel. (2010). Social Intelligence: The New Science of Human Relationships. Kairs.

이 있다. 그것은 의사소통과 협력이다. 의사소통을 잘하면 협력이 수월하게 이루어질 가능성이 높고, 협력을 잘하는 관계는 의사소통이 잘 이루어지는 사이로 볼 수 있다.

특히 국제사회에서 의사소통 역량은 곧 협력의 역량과 긴밀하게 연결되어 있으므로 더욱 강조된다. 같은 언어와 문화권에서 성장한 사람들도 의사소통이 어긋나거나 잘되지 않는 경우가 허다한데, 하물며 언어, 인종, 계층이 다른 사람들과 소통을 하는 것은 더욱 도전적이고 어렵다. '내 마음을 당신이 알아주겠거니' 하고 지레짐작해서 수동적으로 대처하는 경우도 위험하고, '저 사람 말이 이런 뜻이구나'라고 단언적으로 해석해버리는 것도 왜곡을 낳을 수 있다.

내가 아시아 사람이라서 아시아의 개발도상국과 협력할 때 소통이 잘되는 것도 아니다. 나라마다, 집단마다, 공동체마다 특유의 문화적 맥락과 풍습이 있기 때문에 '글로벌 스탠다드'(global standard)의 잣대를 준수해달라고 하지 못하는 경우도 있다.

일례로 필자는 캄보디아 교원들의 역량을 강화하기 위해서 국제협력 연구를 2년간 수행했다. 문헌분석과 각종 통계자료를 통해 캄보디아 사회에서 교원들의 위상, 교육 체제의 특성, 학교의 교육과정 등을 이미 조사·분석한 후, 현장 필드 연구를 위해 일주일간 현지에 머무르며 연구를 진행했다. 우리 연구팀은 캄보디아 초중등학교 교사들에게 직접 설문조사를 실시하기 위해서 질문 도구를 개발하였다. 연구 참여의 편의성을 높이기 위해 모든 설문 문항들을 캄보디아 현지어로 번역하고 인쇄해서 가져갔다. 준비가 완벽했다고 생각했다.

그런데 프놈펜, 캄퐁참, 바탐방 등 4개의 공립학교를 방문할 때마다 당황스러운 모습이 공통적으로 포착되었다. 선생님들이 문항에 혼자 응답하는 것이 아니라, 옆 사람의 답안을 보거나 몸을 돌려서 뒤에 앉은 다른 교사들이 어떻게 답을 하는지 서로 보려고 기웃거리고 있었다. 정답을 요구하는 질문이 아니라 각자의 교육관, 교직에서의 어려움 등 주관적인 의견을 묻는 항목인데도 선생님들은 이상하리만큼 다른 교사들이 어떻게 응답하는지 민감하게 살폈다. 이런 풍경은 매우 낯설었다. 연구책임자인 나는 결국 조사의 신뢰도가 훼손되어버린 데이터라서 이 자료를 온전히 활용하지 못했다.

당황스러운 하루를 보낸 후, 뒷날 캄보디아 교육부의 고위공무원과 회의를 하면서 이 같은 교사들의 태도에는 어떤 문화적 맥락이 있는지 물었다. 혹시 한국 연구진이 준비한 질문지가 어려워서 그랬는지, 혹은 번역이 잘못되어서 문제가 있었던 것인지, 왜 교사들은 서로 답변을 베끼듯이 보면서 문항에 답을 했는지 알고 싶었다. 캄보디아 공무원은 1970년에 자행된 킬링필드 대학살 이후, 국민들 속에 도사리고 있는 서로에 대한 불신이 아마도 영향을 주었을 것이라고 개인적으로 해석했다. 또한 남들과 다른 '튀는' 의견을 쓰게 될 경우에 불이익을 받게 될까 봐 은연중에 나온 행동일 수 있다고 말했다. 이는 킬링필드를 다룬 책[2]에서도 이러한 대목들이 공통적으로 확인되었다. 그야말로 대학살을 자행한 킬링필드의 영향으로 캄보디아인들은 누가 나를 고발하고 죽일지 모른다는 불안감을 가지고 살아오면서 자신의 '생존'을 최우선시하는 태도가 다른 어떤 민족보다 선명하게 나타난다는 것이었다. 이런 맥락에서 볼 때 연구진이 개발한 조사 기초문항, 즉 문항 분석을 위해서 필요한 성별, 나이, 경력 등의 문항을 쓰는 것

---

2 Hudson, Christopher. (1984). The Killing Fields, Dell.
Ngor, Haing & Warner, Roger. (2003). Survival in the Killing Fields, Carroll & Graf Publishers.

도 상당히 불편한 감정을 불러일으킬 수 있다는 것을 파악하게 되었다. 또한 조사항목에서 '자신의 의견을 자유롭게 쓰세요'라는 설문조사의 가이드 라인이 캄보디아 교사들에게 익숙하지 않은 경험이었기 때문이라는 성찰을 하게 되었다.

나는 국제적으로 통용되는 사회과학 연구방법론을 적용하고자 했지만 개발도상국 현지에서는 사회문화적 맥락에서 제대로 진행되지 못했던 것이다. 이 경험을 통해서 현지의 상황과 맥락을 보다 세심하게 살펴보며 '어떻게' 소통해야 하는지, 나의 태도와 자세를 다시금 반성하게 되었다. 이듬해 다시 캄보디아를 방문하여 연구협력을 추진할 때는 설문조사 대신 면담분석법을 활용하였다. 교사들이 심리적으로 편안한 환경에서 진솔하게 '대화'를 할 수 있는 포커스그룹면담(FGI)으로 방법론의 방향을 전환하면서 연구를 성공적으로 마칠 수 있었다. 우리 연구팀은 캄보디아가 주체적으로 자신의 생각을 자유롭게 드러내는 문화가 아니기 때문에 교사들과 합리적으로 의사소통하는 것이 어렵다고 단정 짓지 않았다. 그래서 쉽게 포기하거나 낙담하지 않고 다시 문을 두드렸고 우리는 소통할 수 있었다.

국제무대에서 우리가 만나는 모든 상대방은 파트너이다. 그리고 이 다양한 파트너들과 끊임없이 의사소통해야 한다. 의사소통을 위해서 다양한 이론적 접근방법을 시도하고 문화적 감수성을 갖추어야 한다. 외부 세계와 상호작용의 끈을 놓치지 않고, 지속적으로 교섭하면서 파트너십을 쌓아가는 것은 매우 중요하다. 그 근간에는 소통의 역량과 열린 자세가 중요하다는 것을 다시금 강조하고자 한다.

1일 1실천학습

- ✔ 국제무대에서 수원국의 파트너들과 마주했을 때 나의 의사소통 역량은 어느 정도인지 자기 평가하기
- ✔ 화술, 언변의 역량을 채우는 1차원적인 의사소통 기술을 넘어서서, 국제개발협력에서 이질적인 문화적 배경을 가진 상대방과 교섭하며 협력을 이끌어내기 위한 나만의 소통법을 작성해보기
- ✔ 다양한 문화적 파트너들과 원활하게 의사소통하기 위해서 이론적 접근 방법을 공부하고 문화적 감수성을 키우는 훈련하기

의사소통을 잘하면 협력이 수월하게 이루어질 가능성이 높고,
협력을 잘하는 관계는 의사소통이
잘 이루어지는 사이로 볼 수 있다.
특히 국제사회에서 의사소통 역량은
곧 협력의 역량과 긴밀하게 연결되어 있으므로
더욱 강조된다.

2. 문제를 숨기지 말고 해결하기
: 개발도상국가에서 필요한 전환적 기술

사회적 상황과 맥락의 힘을 분석한 말콤 글래드웰의 『아웃라이어』를 비롯해 대중을 사로잡은 사회심리학 저서들에는 개인(person)과 상황(situation) 관계를 논증하고 분석되어 있다. 개인의 성격과 성향이 미치는 영향보다는 사회적으로 구성된 맥락, 환경, 배경이 발휘하는 영향력이 지대하다는 대목에서 많은 공감을 불러일으킨다. 그런데 같은 상황에 처해 있다고 해서 모든 사람이 같은 선택을 하는 것은 아니다. 언제나 표준에서 벗어나서 확연하게 구분되는 아웃라이어들은 존재한다. 교육학 연구자로서 필자는 사람마다 상황을 다르게 인식하고, 대처하는 힘이 어디에서 근원하는지를 주목한다. 동일한 상황에 놓인 개인이라고 할지라도 어떻게 상황을 인식하고 해석하는가에 따라 인간이 취하는 태도와 행동은 달라질 수 있다. 타고난 성향, 재능으로 결정되는 것이 아니라, 개인이 놓인 상황 속에서 기회를 어떻게 활용하고, 더 나은 방향으로 이끌어갈 수 있는가에 따라 가능성의 스펙트럼은 상이하다. 상황 및 환경을 해석하고 의미를 부여하는 것은 결국 개인이기 때문이다. 직업세계와 인간관계에서 어쩌면 '문제 그 자체가 문제인 게 아니라, 태도가 문제일 수 있다'라는 점을 인정할 필요가 있다.

국제개발협력 사업의 실무에 참여하면서 각종 이슈와 문제들을 직면하게 된다. 어떤 문제는 숙련된 경험이나 기술로 해결이 가능한 부분도 있지만, 어떤 문제는 이해관계가 복잡하게 얽혀 있어서 해결책을 명료하게 찾을 수 없기도 하다. 나는 여기서 그 문제를 사회제도적 문제(social-institutional problem)와 개인적 문제(personal problem)로 간결하게 구분하고자 한다.

사회제도적 문제는 국제협력 현장에서 참여한 실무자 개인이 해결할 수 없는 구조적인 문제이다. 예를 들어 아프리카 세네갈을 위한 국제개발협력 사업이 추진된다고 상정해보자. 한국정부가 세네갈의 청년실업 해소를 위해서 직업기술 훈련 양성 체제를 개선하는 사업을 추진할 경우, 단순히 한국이 보유한 직업교육훈련 시스템을 '이식'하고 활용하는 데는 한계가 분명히 있다. 왜냐하면 국제협력 사업을 추진할 때 고려해야 하는 세네갈만의 독특한 사회제도적 특성이 있으며 세네갈만의 공적개발협력 사업에 대한 수원태세의 특성도 있기 때문이다. 따라서 사업 참여자들은 세네갈의 산업체계와 교육체계 속에서 직업 훈련이 차지하는 위치를 파악해야 하고, 직업훈련과 취업고용체제가 어떻게 매치되는지도 교육훈련-인재양성-노동시장 등을 종합적으로 고려하면서 접근해야 한다. 즉 한국이 제공하는 직업훈련 프로그램을 이수한 수료생들이 현지의 유관 산업계(기업, 회사, 업체 등)에서 자격을 인증받거나 고용 촉진을 위한 유인책을 지원받는 등 구조적인 접근이 필요하다. 직업 훈련을 통한 고용 및 취업 문제는 실무자 개인이 할 수 없는 일이다. 공문 하나를 보내서 협조를 요청하는 것으로 해결되지 않는다. 현지 공무원들로부터 정책 지원을 보장받거나 필요한 자원들을 연계하고 조정하는 교섭력도 필요하다. 즉 사회제도적 이슈를 해결하기 위해서 현지의 공무원들과 적극적으로 협력하는 것이 중요하다.

세네갈 현지 청년들의 직업 훈련 요구도(needs)를 파악하고 실효성 높은 교육과정을 짜고 직업훈련 프레임을 만드는 작업은 어느 하나 쉬운 것이 없다. 그 과정에서 뭔가 제대로 협업이 되지 않고 삐거덕거리는 것이 있는데, 문제를 '뭉개고' 진행을 하는 경우에는 결국 더 큰 위험을 불러일으킬 수 있다. 금이 가고 있는 사태를 숨기고 일단 진행해보자는 접근은 결국 더 큰 사태를 키울 수 있다. 거대한 직업훈련 장비를 구매하고, 거액을 들여서 교육훈련 장소를 멋지게 리모델링하는 하드웨어 구축은 마쳤지만, 수강생 모집이 어려워서 제대로 프로그램이 작동하지 않는 경우도 적지 않다.

반면 국제협력 실무자가 겪는 개인적인 문제의 양상은 감정, 태도, 사고방식, 행위가 결합되어 있어서 더욱 다양하고 복잡하다. 국제협력에 대해

남다른 열정과 의지를 가지고 개발도상국 현지에 파견되었다고 하더라도 개인들이 상황을 자각하고 해석하는 힘은 다를 수 있다. 자신이 예측한 대로 사업이 진행되지 않는 경우, 현지 적응이 예상보다 어려워서 불안과 스트레스가 쌓여갈 경우, 현지인과 팀워크가 삐걱거리는 경우, 본부 사무소의 책임자, 동료에게 어느 수준까지 보고해야 하는지 애매한 경우, 현지에서 만난 사람들과 마찰을 빚는 경우 등 다양한 상황이다. 누구나 문제에 봉착할 수 있다. 심지어 고경력의 코이카 1급 전문가도 현지에서는 늘 문제를 맞닥뜨리게 된다. 문제가 없는 사람은 없다.

중요한 것은 문제를 그대로 두는 것이 아니라, 어떻게 대응하는가에 대한 '나의 역량'이다. 국제협력 분야에 입문한 초급 실무자일수록 문제를 숨기지 말고 해결하기 위해서 자신의 모든 경험과 자원을 동원하는 것이 중요하다. 저마다 품은 비전과 가치를 가지고 국제협력 사업에 뛰어들었지만, 예측하지 못한 갖가지 문제를 직면하면서 좌절할 수도 있다. 이때 가장 위험한 것은 문제를 숨기고 소통하지 않는 것이다.

우리는 평가를 잘 받기 위해서, 문제를 안 일으키는 사람으로 인식되기 위해서 일을 하는 게 아니다. 일을 추진하면서 만난 다양한 사람들과 즐거움, 보람, 어려움, 장애물 등을 가리지 않고 소통을 하고 그러한 관계 속에 신뢰의 힘이 저축되는 것이다. 아무리 능력이 탁월해도 다른 사람과 협업을 하지 않으면 우리는 단거리에서 주저앉을 수 있다.

필자는 해외봉사단 사업을 수차례 평가한 경험이 있다. 대학을 휴학하거나 졸업한 이후에 자신의 귀한 시간을 할애해서 아프리카, 아시아, 중남미의 다양한 개발도상국에서 봉사단원으로 참여하는 청년들은 남다른 측면이 있다. 타문화에 대한 이해와 존중, 국제사회에 대한 관심을 가지고 나눔과 참여를 실천하는 젊은이들이라는 점에서 그러하다. 그런데 이렇게 좋은 취지로 개발도상국으로 파견되어 봉사활동을 하는 청년이라 하더라도 각종 문제에 노출된다. 예를 들어 공동체 생활 속에서 단원 간의 마찰이 일어나거나, 현지인들과 협업을 하면서 갈등이 발생하는 경우도 있으며, 생각보다 열악한 개발도상국의 현실을 매일 목격하면서 스트레스와 우울감을 겪는 등 다양한 어려움이 발생하게 된다. 이처럼 문제가 있는 게 문제가 아니며, 이러한 문제들을 숨기지 않고 풀어가기 위한 노력과 대응 역량이 필요하다. 단순히 개인적인 감정 문제들로 치부하는 것은 위험하다. 주니어 봉사단원뿐만 아니라 경륜을 갖춘 사업매니저나 관리자로 파견이 될 경우에도 문제를 직면할 경우, 숨기지 않고 합리적으로 해결하는 대응력은 매우 중요하다. 국제협력사업에 참여한 모든 개인이 한 데 모여서 결국은 체제와 상황을 만들기 때문이다.

갑자기 예측하지 못한 긴급한 위기 상황이 닥치게 될 때 여러분은 어떻게 행동하는가? 상황 자체는 같지만, 이를 대처하고 위기를 극복하는 방법은 다를 것이다. 필자는 여기서 전환적 기술의 중요성을 강조하고자 한다. 전환적 기술은 단순히 문제해결을 위해서 처방책으로 도입되는 것이 아니라, 국제개발협력 분야의 인재들이 각 분야를 넘나들면서 자신의 역량을 펼치기 때문에 지속적으로 연마해야 하는 포괄적 역량이다.

이미 수십 년 전에 박사학위를 받을 때 습득한 지식이 현재의 학문 체계에 그대로 적용될 수 없듯이, 긴 학위과정을 끝낸 필자 역시 끊임없이 배울 지식이 늘어가는 것을 자각한다. 정보가 넘쳐나는 이 시대에 지식을 사용할 수 있는 가용 주기가 짧아지는 것을 체감한다. 학교에서 배운 지식이 마치 그대로 은행 잔고에 저축되어 언제나 활용될 수 있는 것이 아니라 평생에 걸쳐서 학습을 이어가야 한다. 학습 역량에 대한 논의를 주도하고 있는 OECD는 21세기를 살아가는 학습자들에게 필요한 핵심 기술 중 하나로 전환적 역량(transferable competency) 혹은 전환적 기술(transferable skill)을 강조하고 있다(OECD, 2021).[3] 특히 한국을 포함한 OECD 회원국은 고령화의 그늘로 노동시장 활력은 낮아지고, 은퇴 연령이 불가피하게 늘어나고 있다. 지속적으로 지식과 기술을 배우지 않으면 개인의 발전과 사회의 성장은 지연될 수밖에 없다. 이때 강조되는 기술이 바로 전환적 기술이다.

그렇다면 전환적 기술이란 무엇인가? 옥스퍼드 학습자 영문사전에서는 이를 'that can be moved from one place, person or use to another'이라고 설명한다. 쉽게 말하면 전환적 기술은 '전천후(全天候)적 기술'이라고 설명한다. 만약에 현대의 지식이 하나의 거대한 교과서 안에 딱 박혀 있고, 이것을 암기해서 그대로 적용하면 된다고 가정해보자. 모든 변수가 통제된, 마치 '정답 캡슐'처럼 고체화된 지식을 정해진 방정식대로 대입할 수 있다면 전환적 기술은 우리에게 굳이 필요하지 않을 것이다. 그런데 우리가 사는 세상은 어떤가? 불확실성, 변동성, 그리고 모호성의 폭이 더욱 커지는 시대에 살고 있다. 코로나19로 전 세계는 전대미문의 충격을 받게 되었고, 정지되고 마비된 일상 속에서 예측하지 못했던 새로운 표준들이 생겨났다. 사회적 거리두기가 새로운 기준으로 정립이 되고, 비대면 만남이 보편화되었다. 이른바 뉴노멀(New Normal)의 시대를 살고 있기 때문에 우리는 예측하지 못했던, 새롭고 낯선 경계들을 접하고 건너가고 있는 형국이다. 이처럼 전환적 기술은 디지털 혁명, 급변하는 경제 시장에서 A에서 B영역으로 경계를 넘어서 적용할 수 있고 양도하여 적용할 수 있는 일종의 메타 역량(meta competency)이라고 할 수 있다. 이는 하나의 경험에서 또 다른 경험의 경계를 넘을 수 있는 사고방식이자, 기술이다.

---

3 OECD. Skills Outlook 2021: why lifelong learning is essential for modern society.

국제개발협력은 그 자체로 간학문적이고, 다학제적 접근이 필요한 포괄적인 분야이다. 한 국가의 '발전'이 특정 분야의 방법론으로 해결될 수 없을 만큼 역사, 자원, 인력, 정보, 가치사슬 등이 복잡하게 얽혀 있다. 실무 현장에 투입될 경우 '어, 이건 내가 전혀 모르는 분야인데'라는 당혹감을 가지는 경우가 종종 발생한다. 무역학을 전공했다고 모두가 무역업에 종사하는 것도 아니고 농업기술을 배웠다고 모두가 농업 분야의 인력이 되는 것도 아니다. 오히려 전공과 전혀 다른 업무에 배치될 경우, 그동안 내가 배운 지식과 경험을 생판 모르는 이 분야에 어떻게 연계시키고 활용할 수 있을까를 고민하는 것이 시작 지점이 되어야 한다.

전환적 기술을 업무에 적용할 때는 분석적인 사고로 단위 과업들을 구조화시켜야 한다. A에서 B로 경계를 넘어서 적용할 수 있는 것이 무엇인지 탐색하면서 내가 직면한 문제가 무엇인지를 정의하고 이를 해결하는 역량이 필요하다. 전환적 기술에 대한 탄탄한 기초 체력을 쌓게 되면 평생학습의 사이클(cycle of lifelong learning)이 끊어지지 않게 되고 변화하는 노동시장에서 나의 고용 역량을 높여나갈 수 있다. 따라서 국제협력 분야에 입문한 청년들은 자신만의 전환적 기술을 준비해야 한다. 새로운 파트너로서 수원국, 낯선 이해관계자, 이질적인 지역주민들을 만나면서 열린 사고를 가지고 지식, 태도, 관습의 경계를 넘는 역량을 키워나가야 한다. 요컨대 실무경험 속에서 발생하는 문제를 숨기지 말고 적극적으로 해결하고, 이를 위해 시행착오와 학습을 통해서 전환적 기술을 함양해가야 한다.

1일 1실천학습

- ✔ 일을 하면서 문제는 언제나 발생할 수 있다는 것을 인정하기
- ✔ 자신은 문제상황, 위기 상황을 주로 어떻게 받아들이고 대응하는지 스스로 진단하기
- ✔ 국제협력사업에서 문제 상황이나, 감정이 동요될 수 있는 사례를 상상해보고 자신만의 유연한 대응방식을 연습하기
- ✔ 새로운 과업, 낯선 협업방식, 이질적인 인간관계, 스트레스를 주는 환경에 놓였을 때 나만의 행동강령(다짐, 전략)을 대안으로 만들어놓기

우리는 평가를 잘 받기 위해서, 문제를 안 일으키는 사람으로
인식되기 위해서 일을 하는 게 아니다.
일을 추진하면서 만난 다양한 사람들과 즐거움, 보람,
어려움, 장애물 등을 가리지 않고 소통을 하고
그러한 관계 속에 신뢰의 힘이 저축되는 것이다.
아무리 능력이 탁월해도 다른 사람과 협업을 하지 않으면
우리는 단거리에서 주저앉을 수 있다.

3. 언런(unlearn)의 기술과 무형식 학습의 힘
: 배울 것, 버릴 것

미래학자 앨빈 토플러(Alvin Toffler)가 말한 21세기의 문해 개념은 익히 알려져 있다. 21세기의 비문해자는 단순히 글을 읽고 쓸 줄 모르는 사람이 아니라, 배운 것을 잊고 새로운 것을 배울 수 없는 사람이라고 그는 말했다.

> "The illiterate of the 21st century will not be those who cannot read and write, but those who cannot learn, unlearn, and relearn."

급변하는 사회에서 우리는 배우고, 배운 것을 버리고, 다시 필요에 따라 학습을 이어가는 것이 중요하다는 것을 의미한다.

언런(unlearn)의 사전적 개념을 설명할 때 주로 부정적인 습관이나 행위, 잘못된 행동과 사고방식을 'forget'(잊어버리다), 'discard'(폐기하다) 하는 동사들이 동원된다. 기존의 고정관념과 관습, 오래된 관성과 상식의 기준들을 답습하는 것이 아니라, 배우지 않고 버리는 것이다. 다시 말해, 종전에 습득한 지식 체계나 규범을 절대적인 정답으로 인식하면서 무조건 따르고 적용하는 것이 아니라, 이를 해체하고 버려야 새로운 학습으로 채워 넣을 수 있다는 개념이다.

한국사회에서 관습처럼 회자되고 적용되는 속담이 있다. 조직생활, 집단활동, 사회활동을 하는 사람들이 한 번쯤은 들어봤을 표어처럼 '모난 돌이 정 맞는다'라는 말이 있다. 직설적으로 말하자면 '튀지 마라, 튀면 사람들의 미움을 받는다'라는 사회적 규범이 사회 속에서 관계를 맺고 살아가는 모든 사람에게 하나의 격언처럼 위협의 그늘을 드리우고 있는 것이다. 무난하게 적응하라는 것, 굳이 자기주장이나 목소리를 드러내지 말라는 것이 마치 사회생활의 지혜처럼 자리 잡아왔다. 나는 이 같은 사회 풍조가 우리 사회에서 질문을 제대로 하지 못하고, 대세를 따르는 집단주의 속에서 개인의 다양한 취향과 개성을 묵살시키는 '침묵의 나침판'으로 작용해왔다고 생각한다. 일방향식의 수업 속에서 주입식 공부를 하며, 시간 내에 정답을 찾아가야 하는 과거의 교육행태야말로 우리는 언런(unlearn)해야 한다.

그동안 나는 운 좋게도 최고의 학자들로 포진된 좋은 대학에서 교수님들께 가르침을 받아왔다. 오만과 무지에 가득 차 있던 나에게 사고의 지평을 넓혀주고 지식의 바다에서 제대로 헤엄쳐나가기 위해서 어떻게 철저히 깨져야 하는지를 가르쳐준 훌륭한 선생님들도 많았다. 그렇지만 초중고, 학부-석사-박사 과정의 길고 긴 배움의 여정에서 '내가 학생들을 가르칠 때는 절대 저렇게 가르치지 말아야지, 저 선생님의 교육 방식은 배우지 않겠어'라는 각오를 했던 교육자도 적지 않았다. 나 스스로 언런을 하겠다고 마음먹게 한 교육자들의 공통점이 몇 가지 있다. 첫째, 학생들에게 질문하지 않고 질문을 할 수 있는 여백조차 주지 않는다. 둘째, 선생님 스스로 공부를 하지 않고 과거에 답습한 지식만 계속 재생산하여 활용한다. 셋째, 학생들과 상호작용하지 않고 본인이 정한 '진도만 빼는' 일방통행식 수업이다. 이들을 보면서 20세기식 교육세계에서 혼자 허우적거리는 느낌을 종종 받곤 했다. 지식의 가용주기가 급격히 짧아지고 정보혁명이 매 순간 일어나는 이 시대에 닫힌 교육 방식을 '언런'하는 기술이 중요하다는 생각을 하게 되었다.

국제협력 현장에서 언런의 기술은 매 순간, 매 현장에서 필요하다. '어, 내가 생각했던 것이 아니구나'라는 자각은 자주 일어나게 될 것이다. 내가 기존에 추구하던 일의 방식, 그동안 습득한 지식의 체계, 의사소통 방식만 고수할 경우는 낭패를 볼 수 있다. 몇 해 전, 나는 한국정부의 대 개도국 해외봉사활동을 평가하기 위해서 아프리카 마다가스카르로 향했다. 봉사단원으로 참여하는 청년들 대부분은 대학생이거나 이미 대학을 졸업한 사람으로 구성되었다. 그중 건축학과에 재학 중인 학생의 인터뷰가 인상적이었다. 갑자기 물이 안 나오거나 전기나 위생 상황 등이 생활환경이 열악한 아프리카에서 이미 고생은 각오했지만, 정작 본인을 가장 힘들게 한 것은 '이론과 실제가 전혀 맞지 않는' 상황을 매일 직면하게 된 것이라고 말했다.

- 해외봉사단원: "건축학을 4년간 배웠고, 이제 졸업을 앞두고 아프리카 봉사를 왔어요. 저는 우물을 만드는 사업을 맡았어요. 이 지역의 아이들이 오염된 물을 매일 마시는 문제가 심각해서 학교에 우물을 만들면 식수 문제가 해결된다고 생각했어요. 처음에는 의기양양하게 학교를 건축하는 것도 아니고, 그냥 우물 하나를 파는 것으로 인식해서 '식은 죽 먹기'로 생각했어요.
- 필자: "그럼 그렇게 자신감을 가지고 추진하면 됐을 것 같은데, 왜 이렇게 더디게 진행되었을까요?"
- 해외봉사단원: "여기서는 모든 게 제 생각대로 안 풀리더라고요. 그동안 학교에서 이론을 제대로 배웠고, 측량을 잘해서 우물을 파고, 건강한 식수를 먹을 수 있게 할 수 있다고 생각했어요. 그런데 아프리카의 측량방식과 토지 상태, 우물을 축조하는 방식들이 전부 제가 학교에서 배운 거랑 안 맞는 거예요. 심지어 현지에 인부들과 의사소통도 제대로 안 되고 사업 진행은 차질을 빚으니 좌절감이 크더라고요. 지식이 있어도 쓸모가 없게 되고, 여기서는 이 마을의 방식을 처음부터 새로 배워야 한다는 사실에 멘탈이 나갔어요."

비단 이 청년의 사례뿐만 아니라, 우리는 국제사업에 참여하면서 과거의 통념과 방식을 버리고 새로운 지식, 정보, 소통양식을 끊임없이 배워야 하는 상황을 자주 접하게 된다. 이러한 배움은 형식적인 맥락에서만 이루어지는 것이 아니다. 학습은 크게 형식적 학습, 비형식적 학습, 그리고 무형식적 학습으로 3가지 형태로 이루어진다. 형식적 학습(formal learning)은 주로 학교나 교육기관에서 이루어지는 교육으로서 정해진 교육과정과 교사가 있으며 학위과정, 자격증 이수와 같이 공식적 인정을 받는다. 반면, 비형식 학습(non formal learning)은 정해진 교육기관 밖, 학교라는 울타리를 넘어 사회 속에서 다양하게 이루지는 학습이라고 할 수 있다. 형식적 학습처럼, 비형식 학습도 교육과정은 있지만 주로 단기적인 워크숍, 세미나, 직무 연수 등 단기적인 목적을 가진 곳에서 배움이 일어난다. 마지막으로 무형식 학습(informal learning)은 형식교육과 비형식 교육을 제외한 모든 학습을 의미하며, 교사나 교육과정이 없으며, 일터나 공동체, 일상의 공간, 사람들과 대화 속에서 의도되지 않고 자연스럽게 일어나는 소통과정, 상황적인 맥락에서 이루어지는 학습을 의미한다. 예를 들어 국제협력 사업 참여자들이 개발도상국의 현지인들과 일상적 소통을 하거나 잡담을 나누면서 그 나라의 문화적 행간을 감지하는 것은 무형식 학습이라고 할 수 있다. 정규 학교를 졸업한 성인들의 배움은 80% 이상이 무형식적으로 이루어진다는 논의도 있듯이 무형식 학습의 영향력은 매우 강력하다.[4]

국제협력 분야에서 전문가로 성장하는 과정에서 무형식 학습의 힘은 매우 중요하다. 대학에서 전문 교과와 콘텐츠를 배웠다고 해서 그것이 그대로 개발도상국의 현장에 적용되지 않는 경우가 많다. 오히려 실천 현장에서 자연스럽게 일어나는 소통을 통해서 러닝(learning)과 언러닝(unlearning)을

---

4 Jarvis. P. (2010). Adult education and lifelong learning: Theory and practice. Routledge.

상황에 맞추어 적용하는 열린 자세가 필요하다.

국제협력의 현장에 참여한다는 것은 곧 '상황에 대한 맥락을 파악하고 일머리를 키우는 것'이라 할 수 있다. 국제협력의 장면에서 필요로 하는 언런의 기술을 균형 있게 연마하고 익히면서, 새롭게 배워야 하는 도전적 상황에 대한 거부감을 줄여나갈 수 있다. 일상에서 만나는 다양한 타인들을 통해 우리는 학습할 수 있다. 그것이 여러분의 경험자본이자 힘이 된다. 내가 알지 못하고, 익숙하지 않은 내용도 기꺼이 배우겠다는 자기 다짐을 실천해나가야 한다.

1일 1실천학습

- 현재 나의 일상을 형식적 학습, 비형식적 학습, 무형식적 학습으로 구분해서 개념을 숙지하기
- 지금까지 본인이 무형식학습을 통해서 얻었던 지식, 기술, 경험, 태도의 자산이 무엇인지 정리해보기
- 현재 자신이 속해 있는 조식이나 공동체에서 타산지석으로 삼거나, 혹은 타인으로부터 배우지 않아야 할 기술과 태도가 무엇인지 메모하기
- 사회 구조의 개선을 위해서 나부터 폐기해야 할 태도, 사고방식, 관행, 고정관념이 무엇인지 성찰하기

학습자의 참여와 소통이 없이
일방향식의 수업 속에서 주입식 공부를 하며,
시간 내에 정답을 찾아가야 하는 과거의 교육행태야말로
우리는 언런(unlearn)해야 한다.

4. 국제무대에서 당당한 권위는 철저한 준비와 학습에서 나온다

직업 외교관들도 국제회의장에서 주눅이 든다고 한다. 외교무대에서 수십 년간 종횡무진한 대사급 외교관들은 후배 외교관들에게 국제회의장에서 움츠러들지 말고 대담하라는 조언을 할 정도이다.[5] 실제로 필자는 전문가로서 유엔급 국제회의에 참석하면서 한국, 중국, 일본에서 온 관료, 공무원들은 대부분 자신이 준비해온 원고를 열심히 '읽는 데' 집중하는 모습을 공통적으로 목격하였다. 물론 모국어가 아니라 국제회의의 공용어인 영어로 발언을 하고, '대한민국'의 배지를 단 국가의 대표로서 주요 발언을 하는 것은 아무리 영어가 능통한 사람이라도 어느 정도 긴장감을 주는 환경에 노출된 것은 맞다. 문제는 원고를 그냥 낭독하듯이 읽는 데만 집중했지, 회의석에 앉아 있는 참석자들과 눈을 마주 보며 교감하고, 설득하고, 주장하고, 논쟁하며, 협의를 이끄는 비언어적 행위를 소홀히 한다는 것이다. 영어 발음이 유창한 것은 중요한 것이 아닐 터인데, 왜 다들 눈을 내리깔고 또박또박 읽기 대회에 온 것처럼 행동하는 것일까? 교육학을 연구하는 사람으로서 나는 이러한 행동 패턴을 예의주시하면서 지켜보았다. 그동안 우리가 어떤 교육을 받았기에, 교육을 통해서 내재화된 우리의 현주소는 무엇일까를 진지하게 고민하게 된다.

실제로 우리나라의 일부 고위급 공무원들이 국제회의에서 어떻게 활동하는지 일면을 보여주는 회의장면이 SBS 뉴스[6]를 통해서 보도된 바 있다. 2018년 UN 여성차별철폐협약 제8차 국가보고서 심의에 당시 여성가족부를 중심으로 노동부, 법무부 등 정부대표단이 참석했다. 이들은 한국 정부가 여성 차별을 철폐하기 위해서 어떠한 제도를 구축하고 있는지 각종

5 외교부 공식 유튜브. (2022). 다자외교무대에서 리더가 되기 위한 노력들(김효은 기후변화대사).
6 SBS. (2018.3.1.). 유엔, '한국 미투' 2차 피해 우려…정부 무성의도 '질타'.

자료와 수치를 너무나 열심히 '읽어'내려갔다. 그런데 대륙별로 참석한 유엔의 자문위원들이 던진 다양한 질문에 제대로 답변을 하지 못하고 단순 통계치만 나열하면서 무성의한 태도로 일관했다. 회의에 참석한 전문 위원들은 한국 정부가 질문을 이해하지 못하고 있는데, 그렇게 자료만 읽는 것은 대화가 아니라 시간 낭비라고 질타했다(국민일보[7], 2018. 02. 28; 김진희[8], 2022: 162 재인용). 준비한 원고를 한 치의 오차도 없이, 눈을 떼지 않고 잘 읽어내려가는 것은 통역자나 번역자도 대신해줄 수 있다. 그렇다면 중요한 것은 무엇인가?

학자들이 각 분과 학문 영역의 다양한 쟁점을 논의하는 학술대회가 아니라면, 대부분의 국제회의는 국가의 대표단으로서 활약하게 된다. 일견 맡은 업무의 연장처럼 보일 수 있지만, 국제회의에 대표단의 일원으로 참석했다는 것은 지위와 권위를 어느 정도 인정받고 참석하는 것이다. 그렇기에 다양한 의제에 대해서 자신 있게 설명하고, 동의를 구하며, 논거가 부족하다면, 참석자들과의 열띤 토론과 논쟁에 적극적으로 참여해야 한다. 이러한 일련의 과정에서 당당하게 활약해야 하는 자기권위가 필요하다. 이러한 권위는 단시간에 마치 퍼포먼스를 준비하듯이 한두 번의 예행연습을 해서 나오는 것이 아니다. 철저한 준비를 기반으로 그동안 쌓아온 지식과 경험으로부터 나오는 것이라 할 수 있다.

필자는 2015년 7월에 노르웨이 오슬로에서 열린 '개발을 위한 오슬로 교육회의'(The Oslo Summit on Education for Development)에 참석했다. 국제사회의 교육 수장들과 다양한 파트너들은 글로벌교육 의제의 중요성을 환기하고 각국의 입장을 표명하는 회의라는 점에서 의의가 있었다. 당시 유엔의 반기문 사

7 국민일보. (2018. 2. 28.). [단독] "미투에 너무 안이하다" 유엔서 혼난 한국정부.
8 김진희. (2022). 교육자를 위한 다문화교육과 세계시민교육 방법론. 서울: 박영스토리.

무총장은 교육이란 모든 사람에게 삶의 존엄성을 밝혀주는 가장 중요한 비전(essential to vision of a life of dignity for all)이라는 모두 발언을 하면서 회의장 속에 연대감과 공감을 이끌어냈다.

그런데 월드뱅크의 주제 발표가 이어지면서 교육개발의 효과와 보건의료 개발의 효과를 단순 비교하는 발언이 문제가 되었다.

"모두가 세계의 발전을 위해서 교육이 가장 중요하다고 말합니다. 그런데 왜 이렇게 교육은 성과가 더딘 것인가요? 우리 월드뱅크는 그동안 아프리카의 교육발전에 수많은 돈을 쓰고 투자를 했습니다. 그런데 언제까지 이렇게 쏟아부어야 하는지 답답하고 회의적입니다. 이제는 아프리카 교육에 희망이 있는지 의심스럽습니다. 그래서 이제 우리 월드뱅크는 성과 중심의 교육사업에만 돈을 투자하겠습니다."

위의 발언이 나오면서 토론회장은 술렁이기 시작했다. 중남미에서 온 교사단체, 교육노조 등 일련의 시민단체 대표들이 손을 번쩍 들면서 마이크를 넘겨받은 후, 강한 어조로 문제제기를 했다.

"그렇게 교육을 투자와 성과 도출로 인식하는 월드뱅크의 인식 자체가 문제가 있습니다. 그동안 월드뱅크가 막대한 자금의 힘과 영향력을 행사했다는 것을 모르는 사람은 없습니다. 그런데 교육은 굶주림과 영양실조에 시달리는 아이들에게 한 방의 영양주사를 놓아준다고 해서 해결되는 게 아닙니다. 교육이야말로 중장기적 개입이자 지원이라는 교육철학을 무시하고 국제개발을 할 수 없다는 말씀 아닌가요? 그러한 생각 자체를 부끄럽게 생각하고 재고하시기 바랍니다. 지금 우리 단체가 파악하고 있는 UNESCO의 교육 모니터링 통계데이터에 의하면 대륙별로 교육성과를 양적 지표로 재단하는 것은 합리적이지 않다는 증거를 가지고 있습니다."

시민단체의 발표자는 정확한 증거 기반의 데이터를 나열하면서 교육성과에 대한 논리적인 의견을 피력했다. 월드뱅크가 개발한 새로운 모니터링 지표와 준거틀을 적용해보고, 발전의 가능성이 없는 교육사업의 싹은 자르겠다는 것이 왜 위험한 발상인지 구체적인 논거를 가지고 설득해나갔다. 나는 이 장면에서 많은 것을 생각하게 되었다. 중남미에 기반을 둔 교육시민단체 대표들이 영어를 유창하게 잘해서라거나, 아프리카의 교육 문제를 제대로 꿰어보고 있어서 즉각적으로 토론장에 개입한 것이 아니다. 교육분야의 실천 현장에서 그동안 쌓아온 경험과 노하우, 그리고 교육에 대한 철저한 학습을 통해서 치열하게 국제회의장에서 참여하는 모습이 존경스러웠다. 교육시민단체의 자기권위를 느낄 수 있었다.

이러한 권위는 한두 번의 예행연습으로 단번에 나오는 것이 아니다. 철저한 준비는 특정한 어느 한순간이나, 특정한 때를 위한 것이 아니다. 언제든 필요한 시기에 나의 역량은 무기처럼 꺼내서 활용할 수 있어야 한다. 그 무기가 곧 자기권위가 될 것이다.

앞으로 여러분은 국제무대에서 다양한 역할을 수행하며 참여할 것이다. 당신의 자기권위는 지성과 경험을 통한 학습을 통해서 배양된다는 점을 잊지 않고 일상에서 매일 한 걸음씩 배움을 이어나가야 할 것이다.

1일 1실천학습

- 자신의 의사소통역량이 어느 정도인지 객관화해서 평가해보기
- 국제회의장에서 발표자로서 자신이 얼마나 준비되었는지 스스로 상황극을 만들어 점검하고 셀프 훈련하기
- 매일 일정 분량의 국제개발협력 성과보고서, 동향 리포트를 읽으면서 해당 분야의 이론과 실제 동향을 파악하며 나만의 내공 쌓기

5. 협력은 인종, 국적, 성별, 계층을 가리지 않는다
: 돌다리도 두드려보기

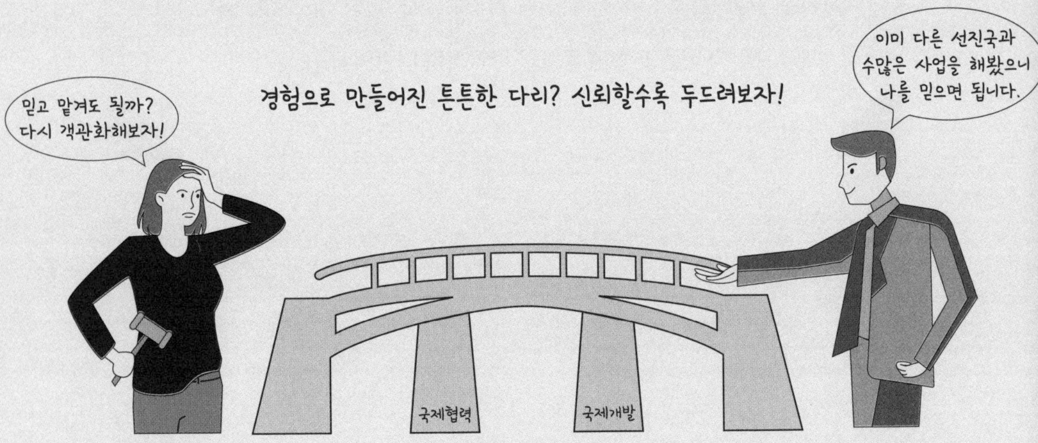

모든 인간은 존엄성을 가진다. 인종과 민족 간의 우월성과 열등성을 평가하고 등급화하는 그 무엇도 존재할 수 없다. 유엔의 인간개발지수(HDI)에서 최하위권에 머무르는 아프리카 최빈국의 개인들도 삶의 존엄성을 보장받아야 한다. 국제개발협력은 선진국과 개발도상국의 불평등과 격차를 최소화하기 위한 기제 중 하나이다. 그렇지만 단순히 국제협력과 연대만으로 수백 년 동안 기울어진 운동장을 바로 잡을 수 없다는 한계도 인정해야 한다. 이러한 한계 안에서 우리가, 그리고 내가 할 수 있는 일이 무엇인지 고민할 필요가 있다.

나는 복잡한 국제사회의 역학 관계 속에서 국제협력의 이론과 실천을 심층적으로 연구하고 싶었다. 영국 유학길에 오른 첫날, 추적추적 비가 내리는 히드로 공항에서 익숙하지 않은 영국식 악센트의 대화가 넘쳐나고, 다양한 인종과 국적의 여행객들이 한데 뒤엉켜 짐을 찾는 행렬에 동참했다. 낯설고 거대한 공항에서 너무나 작은 나 자신이 오롯이 느껴졌고 긴장감으로 가슴이 조여왔다. 낯선 세계에 던져지면 자연스럽게 긴장감이 생긴다. 전문가로서 여느 국제회의를 참석할 때마다, 처음 듣는 이론과 현상, 사례들이 소개되고 토론될 때 비슷한 감정이 들곤 한다. 그 긴장감을 해소하기 위한 방법은 끊임없는 공부였다. 이미 수십 년 전에 박사학위를 받았다고, 수많은 나라를 다니면서 몸에 익힌 노하우가 축적되었다고 해서 공부가 끝난 것이 아니다. 나의 무지함을 자각하고, 더욱 정진하기 위해서 계속 깨어 있어야 한다.

국제협력 현장에서 일할 때마다 나는 왜 많은 철학자가 인간을 취약하고 불안전한 존재라고 말했는지를 깨닫게 된다. 예상치 못한 일이 발생하고, 내가 '정상'이라고 생각했던 관례대로 일이 진행되지 않을 때가 많다. 공동의 번영을 추구한다는 대의는 같지만, 협력하는 방식과 과정은 지극히 사회문화적인 맥락에서 다양하게 진행되기도 한다. 어느 순간에는 "되는 것도 없고, 안 되는 것도 없네"라는 자조적인 한숨을 내뱉게 되는 경우도 있다. 가령 개발도상국의 교육정보화를 지원하는 대외협력 사업을 추진하기 위해 파키스탄과 협업할 때는 A라는 방식이 적용되었으나, 베트남과 협업할 때는 A방식이 거부되고, C라는 방식이 새롭게 타협안으로 채택되기도 한다. 나라와 지역이 바뀔 때마다 새로운 파트너들과 협상해야 하고 상황에 따라서 기존의 틀을 깨면서 새로운 방법론을 적용하며 일을 추진해야 하기도 한다.

황당한 사건도 있었다. 국립 케냐대학교에 삼성전자의 중고 컴퓨터 100대를 기증하고 고등교육 정보화를 지원하기 위한 협약식이 있었다. 처음 만났던 케냐대학교의 총장은 영국에서 유학한 엘리트로, 능통한 영어를 구사하며 자신은 이미 프랑스, 영국, 네덜란드 등과 국제협력에 경험이 많으니 앞으로 한국과의 교육협력 사업은 잘될 거라고 호기롭게 말했다. 우리 대표단은 기증한 컴퓨터의 체계적인 관리 방안을 논의하고 교육과정 개선에 대한 세부적인 협약을 맺자고 제안하면서 준비해간 협약서의 초안을 내밀었다. 그러나 그 총장은 제시된 협약서가 너무 '서구적인 방식'으로 보이니, 아프리카의 정신이 담긴 의미 있는 협약서를 맺자는 답이 돌아왔다. 우리 방식으로 너무 밀어붙이면 부작용이 날 수도 있으니, 협약서를 제외한 다른 사안들을 합의하고 짧은 출장 일정을 마무리하고 귀국했다.

그런데 얼마 지나지 않아서, 그 컴퓨터가 전부 도난당했다는 황당한 이야기를 전해 들었다. 자초지종을 묻기 위해서 여러 차례 총장과의 통화를 시도했지만, 그렇게 호탕하고 협력적이던 총장은 비서를 통해서 다음과 같이 메시지를 남겼다.

"컴퓨터가 도난당한 것은 매우 유감이지만, 그건 우리 대학의 관리 책임 문제가 아닙니다."

그렇게 협조적으로 리더십을 발휘하던 총장은 온데간데없고, 지극히 방어적인 답변만 전달되었다. 이렇게 기가 막힌 상황이었지만 일정상 당장 케냐로 비행기를 타고 날아갈 수 없는 상황이었다. 답답한 상황에서 동분서주하면서 이 사건을 파헤치며 우리를 도와준 사람은 의외로 출장 기간 동안 임시로 고용했던 에티오피아 출신의 운전수였다. 비협조적인 케냐대학교 외에는 현지에 믿을 수 있는 컨택 포인트가 없어 운전수를 통해 경찰에 신고하기 위해 연락하였고 그는 흔쾌히 도움을 주겠다고 했다. 그는 우리를 대신해 경찰에 신고해주었고 기다리기만 하면 사건이 해결될 거라 믿었다. 하지만 현지 경찰은 우리의 기대와 달리 적극적이지 않았다. 진전이 보이지 않자 그는 자신이 직접 알아보겠다고 했다. 이후 운전수는 도난당한 100여 대의 컴퓨터를 옮기기 위해 큰 차량이 필요했을 것이라는 추측을 통해, 큰 차량을 모는 운전수들을 만나고 인맥을 통해, 사실상 경찰이 했어야 하는 탐문을 대신 해주었다. 그 결과 범인은 총장의 친인척이라는 것을 확인했지만 경찰은 끝내 아무런 대응을 하지 않았다.

사실 나는 출장 기간 동안 그에게 운전만 요청했지, 우리가 구체적으로 어떤 국제협력 사업을 하는지 굳이 설명해주지 않았다. 해외 현지 출장은 늘 촘촘한 스케줄로 많은 미팅을 소화하기에 차 안에서 이동 시간에 가벼운 질문만 하면서 다음 일정을 준비했다. 그가 어떤 사연으로 에티오피아에서 케냐로 일자리를 찾아서 온 것인지, 얼마나 체류하고 있는지, 가족은 있는지 등 '사소한' 질문을 한 것이 전부였다. 하지만 그는 그런 '다정한' 질문들이 우리를 도와준 이유라고 말했다. 국제협력 사업을 추진하는 과정에서 현지에서 만나는 모든 사람이 사실 파트너이며, 협력의 대상이다.

예상치 못하게 전개되었던 사건을 마무리하고, 나는 무엇이 잘못되었는지 복기해보았다. 케냐대학교의 총장이 말한 아프리카식의 의미 있는 협약서가 무엇인지 따지고 묻지 않았고, 그가 자신 있게 말한 경험치를 과도하게 믿었다. 또한 한국정부가 기대한 국제교육정보화 사업 추진에서 돌발상황이 발생하거나 문제가 생길 때 어떻게 해결할지에 대한 실질적인 대비책을 세우지도 않았다. 이러한 시행착오는 유사 사업을 진행하는 데 교훈이자 밑거름이 되었다.

또한 국제개발협력에서 돕는 자의 우월적 지위와 도움을 받는 자의 결핍을 위계화해서도 안 된다. 『혐오와 수치심』에서 마사 누스바움[9]은 우리 자신도 언제든 불완전하고 꺾일 수 있는 취약한 자리에 던져질 수 있고, 약자가 될 수 있다는 대전제를 설명하고 있다. 일찍이 정통 서양 철학에서는 순수이성을 가지며 진리를 탐구하는 이성적 존재로서 인간을 상정해왔으나, 현대에 이르러서는 수많은 부조리에 노출된 인간상과 인간의 불완전성을 받아들여왔다. 국제협력 현장에서 전문가로 서 있는 필자 역시 언제든 상황에 따라서 불완전하고 취약한 입장에 놓일 수 있기 때문이다. 개인의 힘은 미약할 수 있기 때문에 협력은 중요하다.

그렇다면 어떻게 협력해야 할 것인가? 개발협력의 세계에서 인종과 국적, 지위와 계층을 막론하고 상대방을 신뢰하는 것이 협력의 시작이다. 신뢰라는 대원칙을 위에, 맹신하지 않고 갑자기 발생할 수 있는 여러 경우의 수에 대해 대비책을 세워두어야 한다. 나아가, 협력에 대한 열린 자세를 가지되, '내가 지금 취하는 방식이 최선인가'에 대해서 언제나 질문하면서 돌다리도 두드려보고 건너는 신중한 자세가 필요하다.

9 마사 누스바움. (2015). 혐오와 수치심: 인간다움을 파괴하는 감정들. 조계원 역. 서울: 민음사.

1일 1실천학습

- ✔ 지금까지 자신의 삶에서 예상치 못한 사람들로부터 도움을 받았던 에피소드가 있는지 떠올려보고 공유하기
- ✔ 내가 다른 사람에게 협력을 요청할 때 어떤 태도로 소통하고 다가가는지 돌아보기
- ✔ 국제협력 현장에서 만나는 다양한 사람들로부터 협력을 얻어낼 수 있는 자신만의 전략과 대비책을 세워보기
- ✔ 국제협력을 하면서 본인이 실패했던 경험을 떠올리고, 그 상황이 또다시 발생한다면 이제는 어떻게 대처할지 머릿속으로 시뮬레이션 해보기

국제협력 현장에서 일할 때마다
나는 왜 많은 철학자가 인간을 취약하고 불안전한 존재라고
말했는지를 깨닫게 된다.
예상치 못한 일이 발생하고,
내가 '정상'이라고 생각했던 관례대로
일이 진행되지 않을 때가 많다.
공동의 번영을 추구한다는 대의는 같지만,
협력하는 방식과 과정은
지극히 사회문화적인 맥락에서 다양하게 진행되기도 한다.

6. 스케일 업
: 역량을 키워내는 축적된 경험 자산

서울대 공대 26명의 석학이 집필한 『축적의 시간』[10]에서는 하나의 창의적인 아이디어, 천재적이고 혁신적인 발명보다 더 중요한 것은 스케일 업(scale up)이라고 진단했다. 스케일 업의 개념은 번쩍이는 아이디어를 발전시켜 고부가가치로 창출하는 능력을 의미한다. 이것은 경험, 실패, 실험, 시행착오를 통해서 경험이 재구성되는 축적의 과정이라는 뜻이다. 특히 산업 영역에서 스케일 업이란 창의적인 아이디어가 산업 현장의 실천 기술로 응용되기 위해서 필수적 거쳐야 하는 과정이다. 그 과정은 수많은 시행착오, 반복된 실험, 기술 보완, 버텨내기, 갈등의 조정, 험난한 설득 과정, 데이터 축적, 격렬한 네트워킹, 위험 감수 등이 단계마다 들어가야 한다(이정동 외, 2015).

아이디어를 배양하고 키워가는 부단한 과정은 매우 복잡하며 어느 것 하나 쉬운 것이 아니라는 대목이 와닿았다. 저자는 실험실에서 아이디어를 개발하고-세부 단위를 실험해보고-산업 현장에 적용하는 스케일 업의 완성 과정은 '몸에 문신을 새기는 것처럼' 고통스럽고 어렵다고 했다. 이 대목에서 그동안 교육계에서 관심을 기울여 온 창의적 역량에 대해 성찰하게 된다. 우리나라는 창의력, 창의 인재를 키우기 위해서 수차례 교육과정을 개혁하고 다양한 연구개발을 추진해왔다. 그러한 과정이 한편으로는 창의 인재를 빠르게 '구워내고 만들어'내겠다는 속도전이 있는 것이 아닌가 하는 의구심이 들 때가 있다. 창의력은 번뜩이는 아이디어를 뿜어내는 역량이 아니다. 오히려 긴 시간 동안 사유하고, 기존의 생각과 개념을 연계, 통합하며 다시 한번 틀을 깨는 역량이라고 할 수 있다.

또한 이 책은 우리나라의 산업에서 개념설계 역량이 부족하다고 지적

10 이정동 외. (2015). 축적의 시간(서울공대 26명의 석학이 던지는 한국 산업의 미래를 위한 제언). 서울: 지식노마드.

했다. 개념설계는 창의적인 아이디어 조각이 아니다. 오히려 반복된 훈련과 지난한 실험으로 끊임없이 부딪히며 얻게 되는 역량이다. 아이디어가 혁신이라는 성과를 도출하기 위해서는 스케일 업이라는 고행의 과정을 거쳐야 한다는 것이다. 책에서 신창수 교수는 다음과 같이 말했다.

> "글로벌 무대에서는 모든 기업이 교과서에 나와 있지 않은 것, 특허, 논문, 잡지에도 실리지 않는 것들을 핵심 자산으로 해서 경쟁하고 있다."

이것이 비단 산업계에만 적용되는 것이 아니다. 국제개발협력에 관심 있는 일부 청년들은 실천에 참여해보기도 전에, '이걸 해보면 스펙이 될까요? 대학원을 가는 게 도움이 될까요? 어느 분야가 앞으로 경쟁력이 있을까요?'라며 머리를 굴리며 시간만 보낸다. 고민하는 것은 좋지만, 중요한 것은 고민한 것을 해소하기 위해서 하나라도 실천하는 것이다. 즉 실전에 참여하는 것이고, 이를 위한 치열한 준비의 과정을 단단하게 채우는 것이다. 준비가 한 번에 이루어지는 것이 아니라, 고행과 불확실성을 감수한다는 점을 염두에 두어야 한다. 그럼에도 불구하고 현업에서 실패할 리스크를 감수하고 참여해보는 것이 중요하다.

국제협력 무대에서 스케일 업을 실천하기 위해 첫째, '왜'라는 질문을 던지는 문제의식부터 시작해야 한다. 어떤 일을 추진할 때 근본적인 질문을 던지고 신념과 동기를 스스로 점검해야 한다. 둘째, 자신의 경험을 축적, 기록하고 이를 공유하는 소통의 자세를 가져야 한다. 개발협력 분야에서 사소하거나 단기적인 업무라도 나만의 궤적을 하나씩 만들어가는 것은 중요하다. 또한 유관 분야에서 타인이 쌓아온 지식과 경험의 궤적도 활용할 필요가 있다. 이렇게 타인의 경험을 활용하듯이, 나의 경험 역시 공유하는 것이 중요하다. 심지어 시행착오를 했던 경험조차도 의미 있다. 이 같은 기록과 소통을 통해서 오랜 시간 숙성된 자기 실력을 쌓아올릴 수 있다. 셋째, 집요하게 실험하고 노력하는 것이 중요하다. 우리 사회는 언제부턴가 열정과 노력을 진부한 가치로 생각하는 모습이 나타난다. 곰국을 끓이듯이 오랜 시간 노력하는 것 대신에 짧은 시간에 운과 요행으로 결과를 얻는 것을 대단한 시도로 칭송하기도 한다. 하지만 현실은 수많은 노력의 결과로 이루어져 있다. 숱한 노력의 과정을 견디며 나만이 쌓은 역량을 몸에 새기는 길이 스케일 업을 위한 확실한 방법이다.

불확실한 지형 위에서 뚜벅뚜벅 걸어가며 축적된 경험을 쌓게 되면, 자기만의 암묵지(暗默知, tacit knowledge)가 생길 수 있다. 암묵지는 마이클 폴라니(Michael Polanyi)[11]가 주장한 바에 따르면, 학습과 경험을 통해서 체화되고 몸에 쌓이는 지식이다. 명시적이고 형식적인 지식은 책과 교과서를 통해서 습득될 수 있지만, 암묵지는 겉으로 명확하게 드러나지 않지만 경험을 통해서 숙련되며 내재화되는 지식을 의미한다. 따라서 이를 국제협력 현장에서 적용한다고 할 때, 암묵지는 ODA 자격증을 따고, 국제협력의 이론을 암기한다고 해서 형성되는 것이 아니라, 오히려 실전에서 무수한 시행착오 과정을 통해서 형성되는 장기적인 지식 자본이라고 할 수 있다.

물론 이렇게 청년 개인들의 스케일 업을 향상시키는 것뿐만 아니라, 국제개발협력 분야의 생태계 또한 한층 더 진화될 필요가 있다. 왜 국제개발협력에 참여했던 많은 청년이 꿈을 '접고' 떠나게 되었을까? 청년들이 끊임없이 시행착오와 실패를 겪으며 궁극적으로 자기 역량을 키울 수 있는 조직 문화가 아직 완비되지 못했다는 점을 지적하지 않을 수 없다. 국제협력

11 마이클 폴라니. (2015). 암묵적 영역. 김정래 역. 서울: 박영사.

분야에 자신을 던진 청년들이 마음껏 활약할 수 있는 포용적 환경을 제공하고, 자기 역량을 스케일 업 할 수 있도록 제도를 구축하는 것은 국가와 사회, 기업, 전문가들의 책무이다.

이러한 전체 지형 아래에서, 청년들은 세계무대에서 수많은 경쟁자와 부딪히고 다양한 파트너들과 과감하게 협업하는 과정을 통해 자신의 실무 역량을 스케일 업하고, 암묵지를 우직하게 쌓아가야 한다. 첫술에 배부를 수는 없다. 견디고 버티며 탐구하며 깨지면서 자신의 길을 한 걸음씩 만들어나간다면 어느덧 당신은 성장해 있을 것이다.

1일 1실천학습

- ✔ 열정만 앞서는 것이 아니라 실력을 연마하기 위해서 구체적으로 매일 노력한 것을 기록 시작하기
- ✔ 국제개발협력 분야에 종사하거나 관심 있는 사람들과 스터디그룹을 구성하거나 참여하기
- ✔ 스터디그룹에서 자신의 궤적(포트폴리오), 시행착오, 경험을 회고하고 공유하기
- ✔ 해외뉴스, 국제협력의 최신동향, 개발협력 보고서 등 다양한 자료를 접하면서 매일 기록하면서 자신만의 암묵지로 만들기

중요한 것은 고민한 것을 해소하기 위해서
하나라도 실천하는 것이다. 즉 실전에 참여하는 것이고,
이를 위한 치열한 준비의 과정을 단단하게 채우는 것이다.
준비가 한 번에 이루어지는 것이 아니라,
고행과 불확실성을 감수한다는 점을 염두에 두어야 한다.
그럼에도 불구하고 현업에서 실패할 리스크를 감수하고
참여해보는 것이 중요하다.

국제협력 초급전문가의 네트워크 확장

나의 동굴에 갇힌 경계를 넘고 확장하기

- 부족함을 숨기거나 어려움을 뭉개지 않기
- 타인에게 적극적으로 도움을 구하기
- 잘난 개인보다, "스마트하게 소통하는 우리"

다양한 기회를 자산으로 만드는 일상의 습관 형성하기

- 타인의 시선으로 규정된 '나'가 아니라, 내가 만드는 '나의 브랜드'
- 스쳐 가는 기회들을 활용하고 담대하게 접근하기
- 배우고, 깨지며, 실천하고, 네트워킹하기

PART

02

실전 무대에서 전문가에게 요구되는 종합 역량

제1장

국제개발협력의 '숲', 당신의 커리어 '나무'

국제협력 무대에서 자기 커리어를 만들어가는 여정

지금까지 필자는 국제개발협력 분야에서 실무자로 활약하기 위해서 필요한 '역량'(competency)이 무엇인지를 설명하고, 그 역량을 함양하기 위해서 어떠한 방향성을 가지고 실천해야 하는지를 구체적으로 제시하였다. 이 장에서는 국제개발협력 분야의 실무자가 오랫동안 경력을 쌓은 후, 다양한 분야에서 전문가로 본격적으로 활동하는 데 필요한 역량을 자세히 살펴보고자 한다.

국제개발협력 분야에서 일하는 초급 전문가들은 경력이 쌓여 1급 전문가(국제개발협력 전문가 등급 기준)[1]가 되면 어떻게 일을 하고, 어떤 영역에서 실력을 펼치는지 궁금해한다. 한편, 실무 현장을 경험한 청년들 가운데, '모시고 일했던' 1급 전문가에게 존경심을 가질 만큼 많은 것을 배웠던 사람도 있지만, 반대로 실망감을 경험한 사람도 있을 것이다. 일의 세계에서 누구를 만나는가도 우리 각자에게는 큰 터닝 포인트가 된다. 그 전문가를 보면서 러닝(learning)을 하든, 언러닝(unlearning)을 하든 말이다.

우리나라의 국제개발협력 분야에서 1급 전문가는 해당 분야에서 20년 이상 경력을 쌓은 사람을 말한다. 특수기술자가 아니라면, 현재 우리나라의 1급 전문가들은 대부분 박사학위를 가진 연구자가 다수를 차지할 것이

---

1 전문가파견사업세부시행지침 개정(안), https://www.oda.go.kr

구분	자격요건
1급	• 해당 분야 경력 20년 이상(석사 및 박사학위 소지자는 각 2년, 5년을 경력으로 합산) 또는 아래의 경력요건을 충족하는 자 • 3급 이상 공무원으로 3년 이상 경력자 • 4년제 대학 정교수로 3년 이상 경력자 • 공공기관의 임원으로 2년 이상 경력자 또는 책임연구원 상당으로 8년 이상 경력자 • 민간 상장·등록기업 임원으로 3년 이상 경력자로 해당 분야 경력 15년 이상인 자 • 기술사(건축사)로 자격 취득 후 해당 분야 10년 이상 경력자 • 특급기술자로 해당 분야 10년 이상 경력자

다. 국제개발협력 분야의 전문연구자들은 개발 분야를 전공한 연구자뿐만 아니라, 경제·사회·교육·보건·지역·정책 등 다양한 학문을 전공한 사람들이다. 국가 수준의 무상원조 사업과 유상원조 사업에서 어떤 분야가 가장 활발하게 추진되었는가에 따라서 전문가들의 참여 양상도 상이할 것이다.[2] 아울러 전문분야마다 전문가의 경험과 일을 추진하는 방식도 다를 것이다. 필자는 국제개발협력 분야의 모든 영역을 아우르는 전문가가 아니라는 점을 상기하면서, 이 지면에서는 교육학자이자, 국제개발협력 1급 전문가로서 다양한 역할과 경험에 대해서 진솔하게 들려주고자 한다. 이를 통해 여러분이 실전 무대에서 전문가의 다양한 글로벌 활동별로 요구되는 핵심 역량을 이해할 수 있을 것이다.

그에 앞서 국제개발협력의 전체 지형에 대한 이해를 돕고자 한다. 오늘날 국제사회에서 국제개발협력, 개발원조를 추진하는 주체와 추진 양상은 점차 다양해지고 있다. 명료하게 구분되는 추진 주체라는 관점에서 볼 때 유엔을 비롯하여 대부분 주권국가들로 구성된 '국제정부기구'(IGO)와 국민국가의 경계를 넘어서 활동하는 국제 비영리단체, 글로벌 시민단체 등으로 구성된 '비정부기구'(INGO)를 양대 축으로 하고 있다. UN의 SDGs 목표 선언 이후로 기업과 종교 기반 단체들의 활약도 나타나고 있다.

국제협력의 채널과 방식은 크게 양자간(bilateral) 협력과 다자간(multi-lateral) 협력으로 구분될 수 있다. 전자는 개별 선진 국가들이 공여국으로서 개발도상국의 경제발전과 사회발전을 도모하기 위해서 국가 대 국가로 원조를 제공하는 것이다. 반면 공여국이 국제기구에 분담금, 기여금, 출자금, 신

2 '22년 국제개발협력 종합시행계획'에 따르면 양자협력 사업에서 2021년에는 분야별로 교통 14.1%, 보건 14.0%, 인도적 지원 10.4%, 교육 9.4% 순으로 개발도상국을 위한 섹터별 사업을 추진해왔다.

탁기금을 지원해서 수원국을 간접적으로 돕는 '다자간협력' 채널이 있다. 2021년 기준, 우리나라는 양자협력에 총 2조 9,260억 원을 투입하며 사업을 진행해왔으며, 한국의 42개 기관에서 총 1,699개의 다양한 국제협력 사업을 추진하고 있다. 양자협력의 규모에 비해서 다자협력은 총 8,282억 원으로 유엔, 세계은행 등을 비롯한 60개 국제기구에 출자와 출연금을 통해서 지원하고 있다.[3]

그렇다면 이렇게 거대한 플랫폼에 누가 참여할 것인가? 물론 현재까지 다양한 글로벌 채널이 있지만 여전히 '국가' 내에서 끌어모은 다양한 재원을 기반으로 국제개발협력이 이루어지고 있는 것이 사실이다. 중요한 것은 여러분의 무대가 펼쳐지고 있는 거시 구조를 읽어내고 어떤 무대에서 활약하든, 누구와 상대하든, 어떤 방식으로 협력을 추진하든 간에 준비된 인재가 되는 것이다. 이처럼 전체적인 구조를 파악하는 것이 중요하다.

다시금 강조하지만, 이 책은 국제협력에서 커리어를 쌓아가는 절차적 단계나 매뉴얼을 알려주는 책이 아니다. 오히려 자기 분야에서 압도적인 실력을 갖춘 전문가가 되기 위해서 어떤 역량이 필요하며 어떻게 학습해야 하는지를 보여주는 메타 학습(meta learning), 즉 '학습하는 법을 학습하는' 성장 노트라 할 수 있다. 학벌이 좋지 않아서, 전공이 달라서, 경험이 없어서, 영어를 못해서 등 그럴듯한 합리화로 당신의 꿈을 주저앉히지 말고, 지금 이 순간 자기 혁신을 이룰 수 있는 길을 보여주기 위한 책이다.

그럼에도 불구하고 이 분야에 입문하기 위해서 어떤 경로가 있는지 궁금해하는 독자들이 있을 것이다. 이를 위해서 이미 마련되어 있는 프로그

---

3 관계부처합동. (2022). 22년 국제개발협력 종합시행계획, 제40차 국제개발협력위원회 의결안건(제40-1호).

램 일부를 소개하고자 한다. 우리나라 국제개발협력의 본산지라 할 수 있는 한국국제협력단(KOICA)은 청년들이 개발협력 분야에서 경력을 쌓을 수 있는 일부 제도와 프로그램을 마련하고 있다. 청년들의 글로벌 커리어를 지원하고 국제개발협력 분야에서 다양한 경험을 확대하기 위한 소위, '디딤돌' 프로그램들이 있다.

그러나 '입문' 단계를 넘어서서 국제개발협력의 전문가로 성장할 수 있는 '경력사다리'는 아직 탄탄하게 작동되지 않는 실정이다. 다른 직업군과 마찬가지로, 이 분야도 입문 이후에는 개인들이 얼마나 혁신적으로 자신의 역량을 발휘해서 포지션을 개척하고 입지를 탄탄히 할 수 있는가가 관건이라 할 수 있다.

- KOICA 홈페이지에 따르면 프로젝트 실무관리자[4]를 일컫는 PAO(Project Action Officer) 제도는 "글로벌 청년 프로젝트 추진과 국민 참여 외교 시대에 발맞추어 개발협력 사업에 전문성을 보유한 청년 인재의 참여를 유도"하는 취지로 운용되고 있다. 세계 각지에서 진행되는 개발협력사업에 참여하며 경력을 쌓으면서 개발협력 전문가로 성장할 수 있는 디딤돌이 되는 제도라 할 수 있다.
- 양자채널의 원조도 중요하지만 국제적인 다자협력 무대에서 전문가로 활약할 수 있는 다자협력전문가(KMCO, KOICA Multilateral Cooperation Officer)[5] 파견 사업도 하나의 프로그램이다. 한국 정부가 회원국으로 있는 국제기구에 개발협력 전문 인력을 파견하고, 국제기구의 업무 흐름을 파악하고 보건, 교육(아동보호), 공공행정, 농촌개발 등

4 https://www.koica.go.kr/koica_kr/953/subview.do
5 https://www.koica.go.kr/koica_kr/950/subview.do

다양한 분야의 직무를 경험하는 제도라 할 수 있다.

- OECD의 개발원조위원회의 회원국들은 오랫동안 개발도상국과의 우호적인 협력관계를 증진하고 수원국의 경제, 교육, 사회, 복지를 증진시키기 위해서 해외봉사단을 파견해왔다. 국제협력 분야에 관심을 가진 개별 청년들이 가장 밀도 있게 현장을 경험할 수 있는 프로그램이라 할 수 있다. 정부는 월드프렌즈코리아(World Friends Korea)를 출범해서 다양한 분야의 봉사단원들을 개발도상국 현지에 파견해왔다. 해외봉사단원들을 총괄적으로 지원하고 봉사단원의 복무 지원, 프로젝트 현장 관리 등을 위해서 KOICA 코디네이터[6]를 선발하고 파견하는 프로그램도 있다. KOICA 해외사무소에서 코디네이터로 근무하면서 개발협력 분야의 사업 진행 방식, 인력 관리 및 지원, 현지 파트너와의 협력 등 다양한 직무를 경험하고 개발협력 전문가로 커리어를 쌓아갈 수 있는 기회를 제공하고 있다.
- 그 밖에 오랫동안 외교부의 이니셔티브로 운용되어 온 JPO(Junior Professional Officer) 등은 국제기구 초급전문가로서 실무 경력을 쌓고 취업 역량을 높이는 프로그램이다.
- 최근에는 대기업, 중소기업이 개발도상국의 경제발전, 사회복지에 기여할 수 있는 포용적 비즈니스 프로그램(Inclusive Business Solution, IBS)에 참여하여, 국제사회에서 관심을 가진 청년에게 현장 실무경험을 쌓을 수 있는 발판을 넓히고 있다. 기업의 사회공헌활동을 초국적으로 도모한다는 취지에서 진행되는 사업이며, 관건은 이들 사업이 개발도상국의 취약계층, 저소득계층의 삶의 질을 높이고 비즈니스 기회를 높이는 데 얼마나 기여할 수 있는가이다.

6 https://www.koica.go.kr/koica_kr/952/subview.do

지식정보사회에서 우리가 필요로 하는 정보와 자료들은 여기저기 널려 있다. 모르기 때문에 도전하지 못하는 것이 아니다. 당신이 절실한 마음으로 문을 두드리고 무언가를 구한다면 길은 열려 있다. 적어도 앞서 소개한 프로그램은 국제협력으로 커리어를 쌓을 수 있는 길이 넓어지고 있다는 것을 보여준다. 그리고 이것은 공적개발원조의 세계에 참여하고자 하는 청년들을 위해 마련된 여러 프로그램 중 지극히 일부에 해당한다.

반드시 해당 프로그램을 착실히 밟고 경험을 쌓아야만 국제협력 분야의 전문가가 되는 것도 아니다. 이러한 단계 없이 독특한 경로를 개척해서 이 분야의 전문가로 활동하는 사람 역시 적지 않기 때문이다. 필자의 지인 가운데, 국내의 소규모 지역사회에서 자신만의 분야(환경, 생태, 지속가능성)를 우직하게 개척하여 10년간 사업을 추진했던 사람이 그 성과를 인정받고 마침내 국제기구의 관리직으로 진출한 경우도 있다. 그녀는 흔히 국제기구 진출을 꿈꾸는 사람들이 필수적으로 생각하는 해외 유학 경험도 없고 유엔 관련 기구에서 인턴십을 했던 경험도 없다. 그렇지만 이미 국내에서도 유창한 외국어 실력을 겸비하고 있었고 매 사업 과정에서 문제를 돌파하고 이끌어가기 위한 리더십 능력과 교섭 능력을 갖춘 사람이었다. 이렇게 준비된 인재였기 때문에 국제기구로의 커리어 전환이 가능했던 것이다. 이 경우는 자신만의 전문 분야에서 끊임없이 절차탁마하여 쌓은 역량을 바탕으로 국제사회의 플레이어가 된 케이스라고 할 수 있다.

안개 자욱한 깜깜한 숲길 위에서 누군가의 발자국이 희미하게 남아 있을 때 우리는 작은 안도감을 느낀다. 그 길을 비슷하게 밟아 가면 안전하게 목적지에 도착할 수 있을 것만 같기 때문이다. 그런데 반대로 아직 아무도 밟지 않는 하얀 눈밭에서는 망설여진다. 우리 스스로 내비게이션이 되어 길을 찾아야 하는 두려움과 불확실성 때문이다. 급변하는 국제질서 속에서 시대가 바뀌고 있다. 대승적인 차원에서 세대교체도 필요하다. 국제협력 무대에 섰던 선배 세대가 이루지 못한 길, 경험하지 못한 길 위에 지금 청년 세대가 서 있다. 조금은 불안하고 두렵겠지만 국제사회의 새로운 플레이어로서 하얀 눈밭에 한 발을 내디뎌, 그렇게 자신만의 궤적을 만들어갈 여러분의 분투를 기대한다.

제2장

실전에서 요구되는 공통 역량

1. 전문가도 국제개발협력 현장에서 '멘붕'에 빠진다

: 단어 하나도 신중하게

전문가는 언제나 실력과 기량을 갖추고 있어야 한다. 그렇다고 모든 불확실성을 통제할 수는 없다. 그렇다면 '통제'(control) 할 수는 없어도, 합리적으로 '대응'(react)하는 것은 전문가의 역량이라 할 수 있다.

나는 그동안 수많은 나라를 다니면서, 그야말로 인종적, 민족적, 계층적, 종교적으로 다양한 각양각색의 사람들을 만나왔다. 개발도상국의 대통령과 장관부터 하루에 1달러로 살아가며 아동노동(child labour)을 하는 최악의 상황까지 내몰린 최빈국가의 주민들까지 말이다. 국제협력의 다양한 장에서 활약하며 어느 정도 경험치를 쌓게 되면 자연스럽게 노련한 자신감이라는 것이 스멀거리며 올라온다. 그런데 이런 자신감을 통렬하게 눌러주는 상황들을 경험하며 '멘붕'에 빠지기도 하고, 당혹감 속에서 표정 관리가 어려운 경우도 숱하게 겪게 된다.

나는 3년간 중남미국가를 위한 교육개발협력 연구 사업에 연구진으로서 참여해왔다. 그중에서도 가장 최빈국이라고 하는 볼리비아를 중점적으로 분석하면서 현장 연구(field research)를 수행해왔다. 내가 연구를 수행했던 2014~2015년은 반미(反美) 노선, 반서방(反西方) 정책을 추구하던 에보 모랄레스(Evo Morales) 대통령이 집권하던 시기였다. 볼리비아 최초의 원주민 출신 대통령인 그는 좌파 성향 정치인으로서 미국을 필두로 하는 서구의 공적개발원조를 받지 않겠다는 노선을 가진 인물이었다. 이런 상황에서 한국은 상대적인 우위를 가질 수 있었다. 우리나라는 서방도 아니며, 다른 나라를 무력으로 침략하거나 식민제국주의를 펼친 경험도 없다. 한국정부와의 국제협력에서 걸림돌이 될 만한 상황은 없다고 볼 수 있다. 더욱이 내가 참여하는 연구팀은 볼리비아의 교육 발전을 위해서 공동협력을 모색하는 연구자들로만 대표단을 꾸린 상황이라 큰 이슈는 없었다. 주 볼리비아 한국 대사관과 볼리비아 코이카 사무소의 적극적인 지원으로 주요 핵심인사들과의 면담도 일사천리로 진행되었다.

그런데 볼리비아의 수도 라파스(La Paz)에서 열린 교육부 장관과의 면담에서 당황스러운 일이 발생했다. 미리 볼리비아 교육부와 양해각서를 출장 전에 서신으로 교환했고, 큰 이슈가 없어서 서면으로 상호 합의를 했다. 이번 출장에서는 좀 더 꼼꼼하게 현지 언어인 스페인어로 양해각서와 협력 이슈를 작성해서 내밀었는데, 환담을 나누던 장관은 잠시 굳은 표정으로 손을 들었다.

"이게 뭐죠? 한국이 우리 나라 교육을 지원하겠다고요? 지원? 우리는 이 단어를 싫어합니다. 우리 볼리비아가 가난하다고 지원을 받는다는 것인가요? 지원이라는 단어를 당장 삭제하세요. '협력'이라는 단어로 교체하면 좋겠습니다."

'지원'이라는 단어가 장관의 심기를 불편하게 한 것이 나는 당황스러웠다. 당장 그 자리에서 타이핑을 해서 문건을 수정할 수 있는 상황이 아니었고, 우리의 국제협력 의도가 훼손되지 않기를 바라는 마음에 정중하게 장관의 의사를 수용하겠다고 하면서 자리를 정리하였다. 갑작스러운 환담의 분위기가 냉랭해지는 것을 직접 경험한 입장에서 머리가 지끈거렸다. 장관급 면담은 실무 협의를 하는 자리가 아니기에 이 같은 경우는 매우 이례적인 상황이었다.

지금까지 여타 개발도상국과의 국제협력 자리에서는 자연스럽게 받아들여졌던 '지원'이라는 단어가 볼리비아의 특수한 외교 노선 속에서는 불편하게 읽힐 수 있다는 가능성을 조금 더 꼼꼼하게 체크하지 못한 나의 불찰이기도 했다. 더욱이 스페인어로 번역된 양해각서 문건에 담긴 맥락을 볼리비아의 사회문화적 분위기 속에서 더블 체크하는 신중함도 필요했을 것이다.

이러한 과정을 통해서 나는 깨지면서 배우게 되었다. 언제나 새로운 형태의 파트너십을 만들어가기 위해서는 기존의 편견과 관행을 깨고 철저하게 준비해야 한다는 것을 배웠다. 국제협력에서 '겨우 단어 하나 가지고 왜 저렇게 예민하지?'라고 접근하는 것은 오히려 순진한 생각이라는 것을 깨달았다. 그동안 아프리카, 아시아의 다양한 개발도상국들은 오히려 고위급 면담에서 '이번 사업을 통해서 한국이 얼마나 더 지원해줄 수 있습니까?' 라고 허심탄회하게 질문했던 것이 반복되어왔다. 이러한 경험치 때문에 나는 관성적으로 '지원'이라는 직접적 단어를 의심 없이 사용했던 것이다. 볼리비아와의 교육협력은 전문가로서 쌓아온 기존의 틀을 깨고 새롭게 지식과 경험을 재구성하는 과정이었다.

나는 이 경험을 통해서 국제개발협력에서 새로운 나라, 지역, 인사를 만나고 협의하는 과정에서는 보다 세심하게 접근해야 한다는 교훈을 얻게 되었다. 아울러 여전히 공부하고 성찰할 것들이 산재하다는 사실을 인정하고 통제할 수 없는 상황에 합리적으로 대응하는 역량을 키워야 한다고 다짐했다.

나는 깨지면서 배우게 되었다.
언제나 새로운 형태의 파트너십을 만들어가기 위해서는
기존의 편견과 관행을 깨고
철저하게 준비해야 한다는 것을 배웠다.
국제협력에서 '겨우 단어 하나 가지고 왜 저렇게 예민하지?'라고
접근하는 것은 오히려 순진한 생각이라는 것을 깨달았다.

2. 프로답게 일한다는 것
: 자기 이름값을 해라

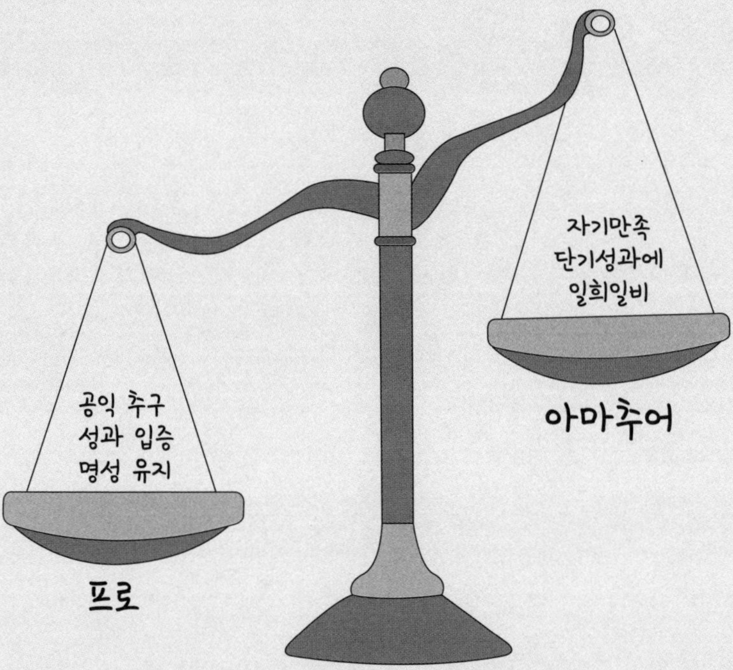

학문의 최고 단계라고 하는 박사학위 과정을 해외에서 밟으면서 스스로 왜소해지는 경험을 해보지 않은 사람은 없을 것이다. 유학생은 공부를 주업(主業)으로 하는 외국인이다. 기본적으로 공부와 성장에 대한 결핍을 채워나가는 각자의 간절함으로 '헝그리 정신'을 가지고 있다. 스스로 작아지는 경험을 하는 것, 인생에서 모종의 결핍과 열등감을 가지는 것이 언제나 마이너스 작용을 하는 것은 아니다. 공부를 하면서 늘 승승장구했던 사람이라도, 불투명한 학위과정에서 누구도 성공을 장담할 수 없는 수많은 시간을 담보로 스스로 싸워나간다. 모국어가 아닌 외국어로 공부하고, 논증하고, 글을 쓰고, 토론하면서 학자로서 첫 단계를 입증을 받는 과정은 치열하고 간절하다. 이 과정은 '투지'라는 굳센 마음을 먹고 스스로 격려해나가야 한다.

그러면 박사가 되었다고 해서 한 개인이 전문가로 완성된다고 할 수 있을까? 천만의 말씀이다. 오히려 박사 학위를 받고 발을 디딘 전문가의 세계는 더 치열하고 냉정한 외부의 평가들이 이어진다. 그 평가는 다양한 장에서 지속적으로 이어진다. 직장, 학회, 세미나, 포럼, 논문심사, 자문활동, 평가회, 토론회 등 광범위한 장면에서 계속된다. 저 사람이 이름값을 하고 있는지, 실력이 있는지, 알맹이가 없는 맹탕인지 타인들의 평가는 바로바로 이루어진다.

국제개발협력 분야의 전문가 그룹이 넓은 것 같지만, 전공 섹터별로 들어가면 전문가층이 아직은 얇다. 그래서 후배 세대의 적극적 양성과 참여가 더욱 필요한 분야라 할 수 있다. 국제협력 분야에서 요구되는 각종 역량은 이미 이 책의 여러 지면에서 설명하였다. 그런데 진짜 프로답게 이 분야에서 일한다는 것은 지식—정서와 가치—태도—기술과 행위가 구분되어서 표출되는 것이 아니다. 그야말로 총체적인 역량의 발현이 수행 과정에서 필요하다. 즉 수행 역량(performance capability)이 높은 사람이 전문가이자 프로이다.

예컨대 교육개발협력 전문가라면 국제무대의 공용어를 막힘없이 활용하는 것을 기본으로, 개발도상국의 교육과정, 교육내용, 교수학습법, 교원 역량, 교육평가, 인재양성 등 거시적인 분석을 적절한 맥락에서 시도할 수 있어야 한다. 교육학은 패키지 형태로 수출되거나, 바로 이식될 수 있는 영역이 아니다. 교육은 인간다움이 무엇인가를 추구하는 것이자, 그 국가의 사회, 문화, 정신을 반영하고 있는 그릇이기 때문이다. 공여국의 교육체제와 교육방법이 아무리 훌륭하다고 객관적으로 증명이 되었다고 한들, 그것을 수원국에 그대로 이식하고 심을 수 있을까? 매우 위험한 발상이다.

다만, 수원국의 교육의 질을 향상시키고 소외계층 아동들의 학습권을 강화시킬 수 있는 다양한 제도와 방법론을 체계적으로 제안은 할 수 있다. 이러한 제안과 권고가 이루어지려면 반드시 수원국의 교육체제와 교육풍토에 대한 면밀한 이해가 선행되어야 한다. 책과 문건으로만 이해하는 것이 아니라, 수원국 내 다양한 교육계 이해관계자들의 요구 정도를 조사하고 분석(need-demand analysis)하는 과정이 필수적이다. 전문가로서 사전에 책정한 시간보다 현지에서 요구 분석과정이 복잡하거나, 시간이 지연되더라도 기다려야 한다. 그리고 조사된 결과를 더블 체크하는 과정이 필요하다. 어디까지나 전문가는 여기서 '외부자'이기 때문에 나의 해석이 맞는지를 현지의 이해관계자들에게 의견을 묻고, 조언을 구하고, 확인하는 과정이 필요하다. 이러한 절차적인 조사분석 과정이 없이 전문가의 경험치와 노하우만 믿고 해법을 제시하거나 컨설팅을 진행하는 것은 오류를 범할 수 있다. '나의 생각이 틀릴 수도 있다'라는 합리적 의심을 가지고, 가장 최적화된 방법이 무엇인지 고민을 하면서 성과를 도출할 수 있어야 한다.

나는 아시아, 아프리카, 중남미 개발도상국의 교육개발협력 연구에 참여하면서 동료 연구자들로부터 많은 것을 배웠다. 그러나 동시에 여러 연구자들과 관점의 차이, 방법론의 차이로 충돌이 빚어질 때도 있다. 에티오피아, 볼리비아, 캄보디아 등 현지에 체류하는 출장 기간이 짧을 때는 물리적인 시간이 부족해서 연구방법론을 체계적으로 적용할 수 없는 한계에 봉착하기도 했다. '선택과 집중'을 해야 할 때 서로 다른 방식으로 접근하는 연구자는 언제나 있다. 내 신념으로는 아무리 출장 일정이 짧고 언어적인 장벽이 있더라도, 국제개발협력 연구도 제대로 된 사회과학방법론을 활용해야 한다. 하지만 그런 신념이 '혼자 유난스럽게 연구하나?'라는 시선과 충돌하기도 한다. 현실적인 여건이 이를 허락하지 못할 때는 어쩌겠는가? 나 역시 타협을 해야 하는 상황을 직면하기도 한다. 그런데 여기서 중요한 것은 타협도 원칙을 가지고 진행해야 한다는 것이다. 그 원칙은 현장에서 수집된 연구 데이터의 신뢰도를 보장하는 것이다.

전문가는 이름값을 해야 한다. 내 이름이 걸린 프로젝트에 부끄럽지 않은 성과물을 내기 위해서 끝까지 땀방울을 흘려야 한다는 것이다. 예를 들어 대부분의 현지 출장은 짧은 기간 동안 미팅, 세미나, 면담 분석, 협의회 등 빡빡한 스케줄로 이루어진다. 숙소로 돌아온다고 일과가 끝나는 것은 아니다. 기억이 희석되지 않도록 하루 동안 있었던 일들에 대한 분석 일지(field note)를 작성하고 녹취록을 들어보면서 빈틈을 메워나가야 한다. 마찬가지로, 다음 날 아침에 이해관계자 의견 청취를 위한 인터뷰가 잡히면 미리 한국에서 만들어 온 질문지(questionaries)가 현지 상황에 맞는지 다시 한번 리뷰하고 질문 항목을 다듬어야 한다. 이렇게 현지 출장에서의 업무는 시작과 끝의 경계가 없다. 피로를 핑계로 조금이라도 미루면 좋은 성과물을 낼 수 없다.

궁극적으로 전문가는 '현장에 실질적인 도움이 되는' 성과를 만드는 데 기여해야 한다. 자기 만족감으로 혼자만 즐거우면 아마추어라는 말이 있다. 프로답게 일한다는 것은 자신을 믿고 선택한 사람들을 위해 자신의 이름을 걸고 일하는 것이다. 전문가는 무임승차할 수 없다. 자신이 맡은 부분에서 최고의 성과물이 나올 수 있도록 무서운 집중력으로, 투지를 가지고 수행 역량을 발휘해야 한다. 전문가의 무게는 곧 내 이름에 대한 책임감이 되어야 한다.

전문가의 경험치와 노하우만 믿고 해법을 제시하거나
컨설팅을 진행하는 것은 오류를 범할 수 있다.
'나의 생각이 틀릴 수도 있다'라는 합리적 의심을 가지고,
가장 최적화된 방법이 무엇인지 고민을 하면서
성과를 도출할 수 있어야 한다.

3. 화려한 국제무대는 없다

: 파김치가 되는 출장길, 긴장감과 투지

화려한 국제무대,
실전을 앞둔 전문가는 어떤 모습일까?

세계 각국의 대표자들이 참석하는 국제회의는 늘 화려할까? 어떤 목적을 가진 국제회의이며 어떤 영향력을 가지는가에 따라 회의급과 회의 성격은 각양각색이다. 외교적 회담 중 가장 격이 높은 정상회담(Summit Meeting)부터, 장관급 회의(Ministerial Meeting), 고위급 회의(Senior Officials), 그리고 실무를 조율하는 전문가 회의(Experts committee)까지 다양하다. 동일한 회의급이라도 유화적인 친선 모임을 목적으로 하는 국제회의와 예민한 의결사항을 확정하는 국제회의는 성격이 상이하다. 자연히 회의장의 분위기도 국제회의 성격에 따라 사뭇 다양하다. 그렇기 때문에 자신이 참석하는 국제회의의 성격을 미리 파악하는 것이 중요하다. 전문가로서 나의 미션과 '포지셔닝'(positioning)이 어떻게 설정되어야 할지를 미리 조사하고, 만반의 준비를 하는 과정이 필요하다.

국제회의가 열리면 그저 구경하러 참석하는 사람은 없다. 멋진 드레스와 슈트를 입고 와인 잔을 기울이며 사교 자리에 참석하는 것이 아니다. 각자의 미션을 가지고 회의에 임한다. 어떤 사람들은 국제무대에 대해서 환상을 가지고 있다. 특히 '저는 국제기구에 일하면서 멋진 동료들과 치열하게 일한 후에는 화려한 옷을 입고 만찬장에 참석하고 싶어요'라고 야무지게 포부를 말하는 청소년, 혹은 대학생들이 있을 지도 모른다. 아마 유엔을 둘러보는 견학 프로그램에 참여했다면 잠시 느낄 수 있는 '동경에 따른 착시'라고 나는 생각한다.

엄밀히 말하면 그 모든 국제회의장과 글로벌 무대는 일터이다. 흔히 외교관들은 국제무대를 '총성 없는 전쟁'이라는 클리셰로 설명한다. 전문가로서 'South Korea'라는 네임 태그를 달고 참석하는 대표단의 일원이라면 '보이지 않는 외교전'에 한 발을 딛는다는 점에서 틀린 말은 아니다.

그렇다면 어떻게 준비할 것인가? 이 말은 언제부터 준비할 것인가로 바꿀 수 있다. 회의 참석이 결정되는 순간부터, 귀국하는 비행기에 올라타는 순간까지 철저히 준비하고 정리해야 한다. 좁은 비행기에서도 끊임없이 의제를 검토해야 하고, 발언을 작성하고, 내가 발언할 토킹 포인트(talking point)가 맥락이 맞는지 재점검해야 한다. 남들은 영화를 보며 와인 한잔을 즐길 수 있지만, 대표단에 참석하는 전문가들에게는 사치다. 다른 사람들 틈에 대충 묻어갈 수 없다. 단순히 국제회의에 참석하는 그 자체만 업무가 아니다. 회의를 준비하고, 성공적으로 마치고, 귀국 후 정리하는 일련의 행위까지 모든 과정이 일의 연속이다.

아무리 많은 국제무대에서 활약했다고 하더라도 적절한 긴장감을 유지하는 것이 필요하다. 왜냐하면 새로운 상황은 언제나 펼쳐질 수 있고, 내가 준비한 방식대로 일이 전개되지 않는 돌발 변수도 발생할 수 있기 때문이다. 따라서 출장 전에 국가별 참석자의 명단과 직급을 미리 확인하고 국가별 대표자들의 발언 방향을 예상해본다. 아울러 앞서 진행되었던 국제회의의 공식 회의록을 리뷰한 후, 우리나라의 의제 대응방식을 정교화할 필요가 있다. 이러한 준비를 통해서 국제회의장에서 발생할 수 있는 가능한 상황들을 머릿속으로 미리 시뮬레이션하는 것도 의미 있다.

당신이 장차관급 고위공무원이 아니라면, 굳이 한정된 국가 연구 예산으로 비즈니스석에 탑승하는 경우는 드물다. 그 좁은 이코노미석에서 '꼬꾸라진 파김치마냥' 국제회의 준비를 하고 예상 의제를 리뷰하는 작업을 하다가 조금 눈을 붙이면, 이제 곧 착륙한다는 방송을 듣는 순간을 맞이한다. 공무 출장에서 하루 일찍 여유 있게 도착해 생체리듬을 맞추고, 그 나라의 문화를 이해할 수 있는 우아한 시간이 있으면 좋으련만 현실은 그렇지 않다. 낯선 나라에 도착해서 시차 적응을 할 틈도 없이 회의장에 참석하는 것이 보통이다. 따라서 여러분이 전문가로 다양한 양자협력, 다자협력의 무대에서 활동하게 되었을 때는 맡은 일에 대한 환상을 버리고 프로답게 명확한 성과를 내고야 말겠다는 '자기 약속'이 중요하다.

다시 말해, 모든 것이 나의 예상대로 흘러가는 화려한 국제무대는 없다. 설령 전문가로서 경력과 노하우가 충분히 쌓여 있다고 하더라도 '이 무대는 한 번뿐이다'라는 생각으로 치열하게 준비하고 기량을 펼쳐야 한다. 이 무대는 처음이라서, 준비할 시간이 충분치 않아서, 컨디션이 나빠서라는 것은 전문가에게는 변명이다. 이미 몸에 배어 있는 역량(embedded capacity)과 철저한 준비(readiness)로 언제나 투지를 가지고 임해야 한다.

아무리 많은 국제무대에서 활약했다고 하더라도
적절한 긴장감을 유지하는 것이 필요하다.
왜냐하면 새로운 상황은 언제나 펼쳐질 수 있고,
내가 준비한 방식대로 일이 전개되지 않는
돌발 변수도 발생할 수 있기 때문이다.

4. 압도적인 실력으로 입증하기

: 전문가만의 베스트 프랙티스

누가 전문가인가? 전문가의 사전적 정의는 특정 영역에서 전문적인 지식, 기술, 능력을 가진 사람으로 쉽게 이해된다. 그런데 나는 여기서 '대체 불가능한' 역량을 가진 전문인으로 설명하고자 한다. 여러분은 국제개발협력 분야에 초급 실무자로 발을 내디디며 수많은 단위 사업을 경험하게 될 것이다. 정부 사업에 참여하건, 국제기구 사업에 참여하건, 시민단체의 자체 사업에 참여하건 개별 단위 사업에서 내가 맡게 된 미션들이 있을 것이다. 사람들 대부분은 비슷한 형태의 일을 수행할 때, 이미 몸에 익힌 비슷한 패턴의 사업 수행 방식, 작업 처리 방법을 활용할 것이다. 사업을 무난하게 처리하는 것도 좋지만, 다른 사람들보다 특출한 지식이나 역량이 없다면 굳이 당신을 전문가로 채용하거나 활용하지는 않을 것이다. 여기서 전문가는 여느 사람들과 다른, 대체 불가능한 자신만의 베스트 프랙티스(best practice), 즉 우수 성과(결과물)를 도출하려는 각고의 노력이 필요하다.

대개 베스트 프랙티스는 경영학에서 명확하고 체계적인 성공 방법론, 합의된 프로토콜을 의미하거나 다른 곳에서 벤치마킹할 수 있는 모범사례를 말한다. 그런데 국제개발협력 분야에서는 공여국과 수원국의 다양한 역학관계, 개발도상국 현지 파트너들과의 사회문화적 교류방식 등의 복합성으로 인해서 하나의 명확한 성공방정식만을 베스트 프랙티스로 정의할 수 없다. 중요한 것은 단기로 참여하든, 장기로 참여하든 국제협력사업의 성공을 이끌기 위해서 투입된 전문가들이 자신만의 압도적인 실력으로 우수한 성과물을 도출할 수 있어야 한다. 이 성과물이 국제개발협력 분야의 베스트 프랙티스이다.

만약 여러분이 국제협력사업을 추진하는 데 있어서 사업타당성 조사(feasibility study, F/S)이든, 사업 모니터링 및 평가이든, 현지 인력의 역량강화 컨설팅이든 특정 영역에서 필요로 하는 전문가를 단기로 고용해서 참여시켰다고 해보자. 즉 특정 업무를 수행하고 성과물을 도출하기까지 계약이 성립된 관계이다. 자신이 믿고 계약을 한 전문가의 산출물이 공공선을 추구하는 데 실질적인 도움이 안 된다면 어떻게 할 것인가? 참여한 전문가의 능력을 무엇으로 평가할 것인가? 그것은 바로 다른 사람으로 대체될 수 없는 압도적인 실력을 담은 성과물로 평가된다. 자타가 공인할 수 있는 차이 나는 클래스를 보여주어야 한다. 그렇게 되면 그 전문가의 수행 역량은 공신력을 가지고 지속적으로 업계에서 활용될 수 있다.

여러분은 자신만의 베스트 프랙티스가 있는가? 스스로 질문해보기 바란다. 그리고 자신보다 경륜이 쌓여 있는 다른 전문가들에게 객관적인 평가와 허심탄회한 조언도 구해보기 바란다. 그런 기회는 속으로 원한다고 갑자기 주어지지 않는다. 스스로 만들어야 한다. 문을 두드리지 않으면 아무도 당신의 마음을 모른다. 아무에게도 미래 계획을 말하지 않고 '혼자 멋지게 나중에 우뚝 서보겠다'라는 다짐도 나쁠 것은 없다. 하지만 내가 이 길을 걸어보겠다는 다짐을 타인들과 공유하는 것은 그 자체로 의미 있다. 대체 불가능한 실력을 가지기 위해서는 경륜을 가진 주변인의 피드백과 전문가의 조언, 그리고 여러분을 격려하는 동료의 지지도 큰 힘이 된다. 특히 업계에 입문한 초급 전문가일 때는 내가 고정 사고방식(fixed mindset)에 갇혀 있는 것은 아닌지, 사업 수행의 관행에 갇혀서 내 실력도 갇힌 것은 아닌지 냉철하게 점검해보는 것도 필요하다.

그렇다면 어떤 전문가로 성장할 것인가? 추론, 분석, 집필, 기술통계, 정성 평가 등 스킬 측면에서 뛰어난 전문성을 연마한 사람도 있을 것이고, 지역학 전문가로서 개발도상국 현지의 언어, 문화, 사회 환경을 접목하는 데 우위를 가진 전문가로 성장할 수도 있을 것이다. 어떤 길을 선택하더라도 중요한 것은 자신만의 베스트 프랙티스를 산출할 수 있도록 끊임없이 학습하고, 필요하다면 자신의 성과물을 가감 없이 수정하고 업그레이드하는 자세가 중요하다. 이처럼 각 분야에서 압도적인 실력을 갖추는 것은 단번에 이루어지지 않는다. 여러분 스스로가 긴 수련의 시간을 투자하면서 스케일 업(scale up)을 이루고 체득해가는 지난한 과정을 거쳐야 한다는 점을 잊지 않아야 할 것이다.

중요한 것은 단기로 참여하든, 장기로 참여하든
국제협력사업의 성공을 이끌기 위해서 투입된 전문가들이
자신만의 압도적인 실력으로 우수한 성과물을
도출할 수 있어야 한다.
이 성과물이 국제개발협력 분야의 베스트 프랙티스이다.

5. 깨질 각오를 하고 부딪쳐라

: 실수에서 배우고 더블 체크하기

특정 분야에서 20년 이상 전문성을 쌓은 1급 전문가들은 대부분 각자의 본업을 가지고 있는 가운데, 국제개발협력 분야에 참여하는 것이 일반적이다. 대학교수라면 학생들을 가르치는 것이 본업이기에 수업을 빠뜨리지 않아야 하는 것이 기본이며, 국책연구기관의 연구자라면 진중하게 연구를 하는 것이 본업이기에 맡은 연구들을 빈틈없이 수행하는 것이 기본이다. 기본을 준수하면서 여러 전문 활동에 참여하는 것이 일에 대한 윤리를 지키는 것이며, 동시에 멀티 플레이어로서 공공선을 도모하는 것이다.

필자는 국제사회의 미래 비전을 제시하는 SDGs(지속가능개발목표)가 발표되는 역사적인 시기에 전문가로서 유엔급 국제회의를 종횡무진하면서 참여해왔다. 동시에 본업에서는 연구자로서 'Post 2015 글로벌 교육의제'(2015년 이후부터 새롭게 재구성되는 국제사회의 공동 교육 의제)를 분석하는 연구를 수행하면서 각 글로벌 주체들의 교육 담론을 분석하였다. 기한이 정해진 연구를 책임지면서 동시에 각종 국제회의에 전문가로서 참여하는 것은 도전적이었다. UN의 SDGs 목표 전체를 다루는 국제회의가 아니라, 교육 분야의 의제만을 다루는 섹터별 회의였음에도 불구하고 국제회의의 내용과 범주는 그야말로 방대했다. 참여하는 주체들도 장관급 정부 인사부터 원주민, 장애인, 난민의 권익을 보호하는 시민단체까지 매우 다양했다. 다양한 글로벌 협의체에서 초청된 전문가로서 의제 대응 활동을 하는 동시에, 본업에서 연구를 이끌어가는 병행의 시간은 숨 쉴 틈 없는 질주의 시간이었다. 그렇지만 그 자체가 배움의 과정이었으며 수많은 관점을 획득할 수 있는, 그야말로 지적인 촉수가 곤두서는 기회의 시간이었다.

이처럼 국제회의 사전 준비를 철저히 하면서, 동시에 연구도 추진해야 했다. 대부분의 국제회의는 엄격한 진행방식을 적용하고 일정 기간 동안 많은 의제를 소화하고 토론하는 자리이다. 전문가로서 세계 각국에서 쏟아지는 의제들을 리뷰하고, 이에 대한 한국 정부의 의제 대응 방향을 여러 각도로 검토해야 했다. 아울러 본업에서는 연구책임자로서 고도의 집중력을 발휘해서 수많은 문건을 분석하는 데 매진해야 했다. 연구 마감 기한이 다가오지만, 지구 반대편의 국제회의장에 참석하기 위해서 비행기를 타는 시간이 반복되었다. 피로가 누적되었다고 컨디션을 핑계로 드러누울 수 없다. 나의 일을 대신해줄 사람은 아무도 없다.

그런 강행군이 이어지는 가운데 나는 짧은 일정으로 노르웨이에서 열린 '개발을 위한 오슬로 교육회의'(The Oslo Summit on Education for Development)에 참석했다. 나를 제외하고는 한국에서 참석한 사람은 없었다. 유엔 사무총장까지 참석하는 대형 국제회의라는 점을 상기하더라도, 회의장은 생각보다 더욱 화려했고 압도적인 스케일을 자랑하고 있었다. 회의장은 많은 참석자로 이미 꽉 차 있었다. 나는 연단이 보이지 않을 정도로 회의장의 가장 뒷자리에 앉아서 각국 대표단의 발언을 분석하고 있었다. 아프리카를 중심으로 한 개발도상국의 교육장관들이 SDGs 시대에 필요한 교육개발협력에 대한 국가별 입장을 표명했다. 대부분 영어로 발표를 했지만 프랑스 식민지였던 아프리카 국가들은 프랑스어로 발표했다. 1960년까지 프랑스의 지배를 받았던 서아프리카 니제르(Niger)의 교육부 장관이 마이크를 잡고 발표를 시작했다. 급하게 통역기를 켜고 나는 장관의 발언 내용을 메모해나갔다.

"우리 니제르는 이제 문해교육을 포함한 기초교육에 대한 지원은 더 이상 받지 않겠습니다. STEM 교육, 즉 과학(Science), 기술(Technology), 공학(Engineering), 수학(Mathematics) 분야의 인재를 키우는 교육이 중요한 시기입니다. 그래서 이 분야에 앞서 있는 서방 국가, 아시아 국가들의 적극적인 교육지원을 환영하는 바입니다."

니제르 장관의 발언에서 아시아 국가가 언급되었고, OECD 공여국 가운데 아시아는 한국과 일본밖에 없다는 점을 상기하면서 나는 몸을 곧추 세웠다. 국가 예산으로 참여한 모든 출장은 공적인 책무성이 우선시되어야 한다. 몸이 천근만근이지만 본 회의 이후에 니제르 장관에게 한국정부의 교육협력에 대한 방향을 소개하고 인사를 건네고자 다가갔다. 그런데 문제가 하나 있었다. 나는 사실 니제르의 교육부 장관의 얼굴을 미리 확인하지 못한 것이다. 니제르 대표단이 어디 있는지 확인한 후, 한 무리의 남성들이 서 있는 곳으로 다가갔다. 풍채 좋은 모습으로 혼자 새하얀 칸두라(무슬림 남성의 전통 복장)를 입고 유일하게 앉아 있는 남성이 장관일 것이라는 생각했다. 나는 다가가서 악수를 청하며 다음과 같이 말했다.

"장관님, 안녕하십니까? 저는 한국에서 온 김진희라고 합니다. 아까 모두 발언하신 내용을 인상 깊게 들었습니다…."

목례를 하고 내가 명함을 건네는 순간 사람들이 박장대소하며 웃기 시작했다. 나는 속으로 '이 분위기가 뭐지? 뭐가 잘못되었을까?'를 되짚으며 어색한 미소로 대응하려는 순간, 앉아 있던 남성이 일어나면서 나에게 머쓱한 미소를 보였다.

"사람들이 자주 착각을 하네요. 당신이 찾는 장관은 저기 걸어오는 아름다운 여성이에요. 저는 그녀의 남편입니다."

이렇게 말하곤 유쾌하게 웃는 것이 아닌가. 장관은 그야말로 핫핑크로 곱게 채색된 아프리카 전통 드레스를 입은 여성이었다. 니제르의 교육부 수장이 남성일 것이라고 지극히 안이하게 생각한 것은 준비 부족이었다. 또한 국제회의장에서 사용한 불어 통역기에서 들려온 목소리가 남성이었기에 발언하는 장관과 같은 성별의 통역사를 배치했을 것이라고 혼자 짐작한 것도 완전히 착각이었던 것이다.

계속된 강행군 속에 참석한 국제회의에서 더블 체크를 하지 않았던 것이 패착이었다. 한마디로 와장창 깨진 느낌이었다. 나는 국제무대에서 젠더 감수성(gender sensitivity)이 얼마나 중요한지를 여러 채널을 통해서 강조해왔다. 여성 전문가라는 이유로 이슬람 국가에서는 공식 회의장에서 히잡을 쓰라는 요청을 받는 등 불편함을 겪었다. 이러한 경험에도 불구하고 '장관=남성'이라는 등식으로 생각한 것은 나 역시도 성별에 대한 고정관념 속에 갇혀 있는 것을 여실히 보여주는 대목이었다. 다행히 당사자들이 웃어넘겼던 에피소드로 마무리되었지만 상호신뢰를 중요시하는 국제무대에서 때로는 치명적인 영향을 미칠 수도 있다.

나는 이 경험을 통해서 언제든 철저히 대비하지 않으면 깨질 수 있다는 것을 깨닫게 되었다. 국제회의장 안에서 일어나는 다양한 이해관계자의 역동성과 담론을 분석하는 것이 전문가로서 내가 맡은 공식적인 업무의 영역이었다. 하지만 전문가는 무형식적이고 비형식적인 상호작용(informal and nonformal interaction)을 통섭적으로 분석하는 역량도 키워나가야 한다. 다시 말해 컨퍼런스 회의장 밖에서도 유일한 한국인 참석자라면 공익을 위해서 부지런히 네트워킹을 해야 한다는 말이다. 설령 확신이 없을지라도 외교적인 인사를 전하며 국제협력의 메시지를 전하기 위해서 한발을 내디디는 자세는 '행동을 아예 취하지 않은 것'보다는 의미 있었다고 생각한다.

이 경험 이후에 참여하는 모든 국제회의에서 나는 보다 신중하고 꼼꼼하게 사전 준비를 하고, 참석자에 대한 인사 정보를 놓치지 않기 위해서 작은 것까지도 더블 체크하게 되었다. 더불어 통역자의 성별에서 발언자의 성별을 성급하게 유추하는 행동도 버리게 되었다. 우리는 언제나 완벽하게 준비되어 있지 않을 수 있다. 부족함으로 인해 초래되는 실수와 실패가 자산이 되도록 생각과 행동의 각도를 바꿔어야 한다. 깨지는 것이 두렵다고 머뭇거리기보다는 상황과 맥락이 공익을 저해하지 않는다면 과감하게 부딪혀야 한다. 스스로 틀을 깨지 못하면 전문가도 성장할 수 없다. 그러니 깨져라.

언제든 철저히 대비하지 않으면
깨질 수 있다는 것을 깨닫게 되었다.
국제회의장 안에서 일어나는 다양한 이해관계자의 역동성과
담론을 분석하는 것이 전문가로서 내가 맡은
공식적인 업무의 영역이었다.
하지만 전문가는 무형식적이고 비형식적인
상호작용(informal and nonformal interaction)을
통섭적으로 분석하는 역량도 키워나가야 한다.

제3장

전문가의 다양한 역할론에 따라 요구되는 핵심 역량

1. 국제 컨퍼런스 기조 강연 및 발표
: 지식공유 커뮤니케이터, 동료 학습

인사이트와 통섭을 겸비하는 지식 생산자로서
전문가는 청중의 질문에 답변할 수 있을까?

전문가들은 각자의 분야 전문성을 가지고 있다. 글로벌 활동에서 전문가들에게 기대되는 것은 자기 분야에 대한 전문지식을 나누어주는 것이다. 그런 의미에서 전문가는 국제협력 무대에서 '지식 생산자'가 되어야 한다. 그러나 좋은 학자가 반드시 좋은 강의를 할 수 있는 것이 아니듯이, 지식 생산자가 곧 좋은 지식 전달자가 되는 것은 아니다. 국제 컨퍼런스에서는 지식을 생산하는 것뿐만 아니라 지식을 잘 전달하는 '훌륭한 커뮤니케이터'까지 되는 것은 모든 전문가에게 도전적인 일이다.

연구자라면 박사학위를 받은 이후부터 본격적으로 전문가로서 첫걸음을 떼고 다양한 활동 무대에 서게 된다. 점차 자신만의 전문성과 경력을 쌓아가며 해외 컨퍼런스에서 기조강연을 요청받거나 주제 발표를 하는 등 청중 앞에서 자신이 가진 전문성을 펼쳐 보이고 지식을 공유하는 기회가 늘어나게 된다.

물론 여기서 말하는 컨퍼런스는 목적과 성격이 매우 다양하다. 학술 분야의 새로운 지식습득과 이슈를 논의하는 전통적인 학술대회부터, 전문가들이 청중 앞에서 공개 토론을 하거나 현안을 분석하는 포럼 및 심포지엄, 그리고 특정 분야에 대한 지식을 공유하고 아이디어를 교환하는 세미나, 워크숍 등 다양하다. 이렇게 다양한 플랫폼이 존재하지만, 국제협력 분야에서 활동하는 전문가는 전 세계의 다양한 청중들에게 지식을 생산하고 공유하는 사람이라는 점에서 공통적인 위치를 부여받는다. 실제로 국제기구에서 마련한 컨퍼런스에 초청받은 전문가는 보통 '리소스 퍼슨'(Resource persons), 즉 지식 자원을 가진 사람이라고 지칭되면서 참가자들에게 지식과 아이디어를 주는 데 기여하는 역할을 맡아야 한다.

필자 또한 '리소스 퍼슨'으로서 그동안 국제 컨퍼런스에서 기조강연을 하거나 주제 발표를 하면서, 교육학 분야의 전문가로서 다양한 경험을 쌓아왔다. 대부분의 국제 컨퍼런스는 해외의 대학이나 국제기구, 해외 공여기관에서 마련한 회의이다. 주로 해외 출장을 가서 강연이나 주제 발표를 하는 경우가 대부분이지만, 최근에는 지방자치단체, 시민단체, 지역협의체 등이 국내에서 개최하는 다양한 컨퍼런스에서 강연자로 참석하기도 한다. 전문가로서 이처럼 다양한 국제 컨퍼런스의 플랫폼에 참여한 경험을 바탕으로, '가장 피해야 할 것'과 '가장 철저하게 준비되어야 하는 역량'이 무엇인지 살펴보고자 한다.

우선, 강연자로서 가장 피해야 할 것은 누구나 검색하면 나오는 지식, 동향, 정보를 나열하면서 제공하는 강의이다. 우리는 지식이 액체처럼 멈추지 않고 흘러나오고 계속 생산되는 사회에 살고 있다. 국제 컨퍼런스에서 굳이 항공료를 제공하면서 전문가를 초청한 이유가 무엇일까? 최신 지식과 정보 그 자체가 아니라, 주제의 본질을 이해하고 꿰뚫을 수 있는 인사이트(insight)를 얻기 위해서 강연자를 초청하는 것이다. 엄밀히 말하면 강연자를 '리소스 퍼슨'으로 '활용'하는 것이라고 생각한다. 국제 컨퍼런스에서 전문가를 지나치게 위대하게 볼 것도, 또한 낮추어 볼 것도 없다. 리소스(지식과 정보)를 가진 전문가는 공공의 이해를 높이기 위해서 참여하는 사람이다. 국제협력을 위해 전 세계에서 모인 다양한 참가자들은 관련 주제에 대해서 이미 어느 정도 정보와 관심을 가지고 참석한다. 그런 청중들 앞에서 강연자가 지식과 데이터만 나열하게 되면 청중의 반응은 차갑다.

필자 역시 때로는 기조강연자 자격으로 초청을 받고 참석하기도 하지만, 청중으로 참석해 의제를 분석하는 경우도 많았다. 유네스코(UNESCO)의 파리 본부가 주최한 교육형평성 제고를 위한 세미나에서 기조강연자의 발표 이후, 냉담했던 참석자들의 반응을 잊을 수 없다. 초청된 기조강연자는 현란한 통계데이터를 보여주면서 '혼자 열심히' 발표만 했다. 심지어 물 한

모금 마시지 않고 계속 발표만 했다. 발표하면서 청중을 향해서 눈을 마주치거나, 손짓하면서 강의 템포를 맞추는 비언어적인 소통도 없었다. 결국 서남아시아 대표단이 발표 이후에 손을 번쩍 들었다.

"결국 당신의 발표가 주는 시사점이 무엇인가요? 그런 복잡한 데이터를 보려고 우리가 참석한 게 아닙니다. 우리나라에서 고질적인 근본 문제를 해결하고 여성교육을 획기적으로 향상시키기 위해서 어떠한 영감을 좀 주실 수 있나요?"

기조강연을 마친 영국 교수는 당황스러운 표정으로 수염을 만지작거리면서 이번에는 조금 더 친절하게 데이터를 설명해주었다. 그러나 결국 개별 국가들의 질문에 혜안을 주거나 통찰력을 제공하지 못했다.

이 사례를 통해서 국제 컨퍼런스에서 기조강연자로 서게 될 경우 전문가로서 철저하게 준비하고 지향해야 하는 역량을 유추할 수 있는데, 나는 그것을 통섭(consilience) 역량이라고 생각한다. 통섭은 흔히 '지식의 통합'을 의미한다. 즉 다양한 분야에서 인지한 정보 및 학습한 내용을 상호 연관시켜서 추론하고, 통합하고, 체계화할 수 있는 능력을 말한다. 겉으로는 관련 없어 보이는 사실, 사태들을 해석하고 서로 연계시키면서 꿰뚫어 볼 수 있는 감식안을 갖는 것이라 할 수 있다. 그런 의미에서 통섭 역량은 이 책에서 사고의 경계를 넘을 수 있는 전환적 역량, 전환적 기술과도 관련을 가진다. 통섭 역량은 일종의 메타인지 역량이다. 그렇기 때문에 한 번의 기조강연을 위해서 강의내용을 통째로 외운다고 해서 습득되는 역량은 아니다. 이 책에서 계속해서 강조했듯이, 평소에 국제사회에 대한 방대한 서적들을 다독하며 지식의 지평을 넓히고, 일상에서 자기학습을 꾸준히 하는 태도가 필요하다. 또한 세계시민으로서 다양성과 개방성을 견지하는 자세, 당장은 쓸모없어 보이는 일처럼 보이지만 경험을 확장하는 열린 태도, 그리고 내 주변의 동료, 선배, 전문가들과 소통하며 교섭력을 키우는 일련의 실천들이 모두 통섭 역량을 키우는 길이라 할 수 있다. 따라서 여러분이 전문가로서 국제 컨퍼런스의 무대에 섰을 때, 어떤 모습의 지식 생산자, 어떤 모습의 지식 커뮤니케이터가 될 수 있을지 떠올려보기 바란다.

또한, 국제 컨퍼런스의 강연자는 성찰하는 자세를 견지해야 한다. 필자는 국제 컨퍼런스의 기조 강연이 끝나면 컨퍼런스를 마련한 주최 측 담당자나, 청중에게 내 강의가 모종의 시사점이 있었는지, 앞으로의 변화에 실질적인 도움이 될 수 있을지 따로 의견을 묻는다. 처음에는 이 과정이 번거롭고 불편했다. 그러나 점차 많은 국제무대에 서면서 '나 스스로 뻔한 강연을 재생산하고 있는 것은 아닌지'를 반성하며 참석자들의 관점에서 내 강의를 점검하기 시작했다. 이는 다음에 있을 강의에서 나의 부족함을 채워 나가는 성찰의 시간이 되었다. 단순히 강연이 무난하게 끝났으니 소임을 다했다고 생각하는 것이 아니라, 전문가로서 내가 부족한 것은 무엇인지 의견을 구한 것이다. 성찰은 일방향으로만 이루어질 수 없다. 혼자만의 세계에 갇혀서 고민한다고 성찰이 완성되는 것이 아니라, 내가 소통하는 타인을 통해 새로운 시선을 확장하는 교차성이 수반된다. 그런 의미에서 전문가는 성찰을 통해 국제 컨퍼런스 장에서도 끊임없이 배우는 존재이다.

마지막으로 전문가는 국제 컨퍼런스에 참여한 청중의 날카로운 질문을 침착하게 대응하되, 동료 학습(peer learning)의 기회로 삼는 자세를 가져야 한다. 여러 차례 강조했듯이 국제개발협력은 이미 단어에서 내포하는 것처럼 '발전'과 '협력'을 도모하는 포괄적 분야이기 때문에 다양한 전문가들이 참여하는 다학제적 접근(multi-disciplinary approach)이 필수적이다. 전문가들은 본인이 국제협력 무대에서 지식의 생산자로서 역할을 수행하는 동시에, 자신과 다른 분야의 동료 집단이 일하는 방법, 그리고 성과를 도출하는 과정에서 새로운 배움을 얻기도 한다. 예컨대 개발도상국 현지 사업을 컨설팅하는 출장 과정에서 본인과 다른 섹터의 전문가들과 협업하면서 새로운 관점과 방법론을 배우게 된다. 여기서 한 걸음 나아가 대등한 전문가 간의 동료학습만 중요한 것이 아니라, 컨퍼런스에서 만나는 청중들의 질문들로부터 배우는 자세가 필요하다는 점을 강조하고자 한다.

아시아 지역에서 열리는 국제 컨퍼런스에서 기조강연을 하거나 주제 발표를 할 때는 청중들로부터 도전적인 질문을 받은 적은 없었다. 아마도 나 역시 아시아 사람이며, 아시아의 개발도상국은 가보지 않은 나라가 없을 정도로 지식적 이해나 경험적 이해가 높은 편이었기 때문이다. 그래서 아세안 국가의 다양성 속에서 교육 세부 주제별로 클러스터를 만들거나 정책 시사점을 주는 것은 큰 어려움이 없었다. 그런데 필자는 중남미 권역에서 마련된 일부 국제 컨퍼런스에서는 청중들의 기습 질문을 받으면서 고민하거나 어떤 시사점을 줄 수 있을지 당황한 기억이 몇 차례 있었다. 이는 상대적으로 필자가 중남미의 역사, 사상, 언어, 문화에 대한 깊은 이해가 약하기 때문이라고 자인한다.

그중의 하나의 일화를 소개하고자 한다. 필자는 몇 해 전에 멕시코의 치아파스 자치대학(Universidad Autónoma de Chiapas)과 독일의 국제협력공사(GIZ)가 공동으로 주최한 국제 컨퍼런스에 기조강연자로 초청받았다. 주최 측에서 요청한 기조강연의 주제는 교육혁신, 정보화, 그리고 평생직업교육을 연계하는 것으로 수렴되었다. 쉽지 않은 주제였지만 청중의 특성을 고려하여 강의내용을 준비하였다. 막상 참석해보니 국제협력 컨퍼런스라기보다는 국제 학술대회의 성격이 더욱 강했다. 참석자들은 대학의 교수, 국제협력 분야를 공부하는 대학생, 노동자대표, 시민단체 등 다양했다. 화려하게 장식된 대형 세미나 홀에서 필자는 1시간 동안 강연을 했다. 그리고 청중들과 소통하기 위해서 주최 측은 40분간의 Q&A 세션을 마련했다. 청중들은 끝까지 흐트러짐 없이 집중해서 참여했고 의례적인 질문은 하지 않았다. 필자가 발표하면서 활용했던 데이터와 이론 개념에 대한 가벼운 질문을 제외하고는 모든 질문이 날카로웠다. 질문 자체가 도전적이었지만 높은 수준이었다. 어느 정도 질의응답이 유연하게 이루어질 때쯤, 예측하지 못한 질문이 갑자기 나왔다. 질문자의 목소리는 유독 우렁차게 울렸다.

"박사님의 강의는 멕시코에서 들어보지 못한 새로운 내용이라 흥미로웠습니다. 그런데 이걸 한번 물어보고 싶군요. 당신의 나라, 한국의 기아자동차가 멕시코 몬테레이(Monterrey)에서 노동자를 착취하고 있는데 이런 경우는 노동자의 권리를 위해서 어떻게 직업교육을 해야 합니까?"

다른 질문들은 청중들과 호흡하면서 막힘없이 대답할 수 있었지만, 이 질문은 뒤통수를 한 방 맞은 듯한 느낌을 주었다. 나는 선뜻 답을 하지 못했다. 우선 나는 멕시코에 진출한 기아자동차의 노동인권 문제를 전혀 알지 못했다. 중남미의 교두보로서 멕시코에 한국의 주요 기업들이 진출해 있다는 정도의 얕은 정보만 알고 있었다. 나에게 질문을 한 노동자연합회는 '기조강연자=한국인=한국기업 기아자동차'로 자연스럽게 연계해서 질문한 것인데, 하필 긍정적인 사례가 아니라 멕시코 현지 언론 사이에도 문제가 되고 있는 노동인권 이슈를 제기한 것이다. 나의 강의내용이 노동자의 평생학습권 강화, 직업훈련의 효과 등을 다루었기에 '이상한 질문'은 아니었다. 다만 교육학자라는 한계 속에서 필자가 한국의 대기업이 치아파스의 노동자 탄압과 갈등 구조를 면밀히 파악하지 못하고 섣불리 답할 수 없는 매우 진땀 나는 질문이었다. 답을 기다리는 질문자에게 나는 다음과 같이 정중하게 말했다.

"질문해주셔서 감사합니다. 좋은 질문이지만, 사실은 당황스러운 질문입니다. 선생님의 잘못이 아니라, 선생님께서 말씀하신 이슈를 제가 알지 못하기에 당황스러운 것입니다. 제가 오늘 여러분을 만나기 위해서 30시간이 넘게 비행기를 타고 이동했습니다. 그 많은 이동 시간 동안 강연장에 서기 전에 강의내용만 잘 준비할 것이 아니라, 멕시코를 이해하기 위해 더 공부했어야 한다는 반성을 하게 됩니다. 단순히 멕시코와 한국의 우호적인 협력관계만 아는 것이 아니라, 갈등, 이슈, 현안이 무엇인지를 폭넓게 파악하고 강연을 했다면 더욱 의미 있는 답변을 드렸을 것인데 말입니다. 선생님의 질문 덕분에 제가 하나 더 배웠습니다. 이 시간 이후로 더 공부할 부분의 화두를 던져주셔서 감사하고, 기아자동차의 노동인권 보장과 직업교육을 노동자의 시각에서 살펴보겠습니다."

그날 컨퍼런스 장에서 받았던 많은 질문 가운데 가장 나를 긴장시키고, 전문가로서 무엇을 해야 하는지를 일깨운 질문이었다. 그 질문 덕분에 필자는 중남미에 진출한 기아자동차뿐만 아니라, 현대자동차를 비롯한 대기업이 현지에서 왜 갈등을 빚고 있는지를 여러 문헌을 통해서 살펴보았다. 사실 우리가 접하는 정보는 대부분 한국의 대기업이 중남미 시장에 얼마나 진출했는지, 얼마나 눈부신 성과를 내는지 등 홍보성 기사가 대부분이다. 굳이 찾고 탐구하지 않으면 정보의 편향성이 생긴다, 그런데 국내의 대기업 노조에서 제출한 보고서, 해외뉴스를 찾아보면 중남미에 진출한 한국의 대기업들이 저임금, 살인적 노동 강도, 강압적 노동 지시 등으로 현지 노동자들과 갈등을 빚는 사안들을 파악할 수 있다.

멕시코 치아파스 대학에서 이처럼 도전적인 질문을 받지 않았다면 필자는 교육이라는 하나의 학문 영역에 국한된 지식 전달자로 머물렀을지도 모른다. 국내 컨퍼런스라면 이러한 질문도 없었을 것이다. 다양한 인종, 언어, 문화가 복합적으로 상호작용하는 국제 컨퍼런스였기 때문에 강연을 맡은 외국인 학자에게는 출신 국가와 얽힌 여러 질문이 제기되는 특수성이 있다. 그 덕분에 나는 지식의 외연을 조금씩 넓혀갈 수 있는 계기를 만난 것이다. 이로써 국제 컨퍼런스의 무대에 참여했을 때 모르는 영역(the unknown)에 대해서는 침착하게 대응하되, 무지와 부족함을 채워 넣어야 내가 성장할 수 있다는 교훈을 얻게 되었다.

중요한 것은 관점과 태도이다. 강연자를 당황스럽게 만든 질문자를 원망할 것이 아니라, 오히려 자기 성찰의 계기로 인식하는 관점이 필요하다. 질문자는 그 시간과 공간에서 나의 낯선 '동료'였다. 나는 동료로부터 '몰랐던 내용'뿐만 아니라, '모르는 것을 대하는 나의 태도'를 돌아볼 수 있었다.

국제 컨퍼런스의 무대에서 전문가는 기본적으로 지식 생산자이다. 단상 앞에 올려진 지식 생산자는 통섭 역량이 필요하다. 왜냐하면 컨퍼런스에 참여한 청중들은 지식의 조각이 아니라, 지식의 퍼즐이 완성된 통찰을 얻고자 하기 때문이다. 나아가, 강연자로서 모든 전문가들도 도전적이라고 생각하는 뛰어난 의사소통 능력을 갖출 필요가 있다. 머릿속에 수많은 지식이 쌓아둔 척척박사라고 한들, 청중들과 원활하게 소통하지 못하면 소용없다. 나만 아는 지식을 일방적으로 생산한다는 자세가 아니라, 국제 컨퍼런스에서 전문가는 지식을 공유하고 영향력 있게 소통할 수 있는 '굿 커뮤니케이터'(good communicator)가 되어야 한다.

성찰은 일방향으로만 이루어질 수 없다.
혼자만의 세계에 갇혀서 고민한다고
성찰이 완성되는 것이 아니라,
내가 소통하는 타인을 통해
새로운 시선을 확장하는 교차성이 수반된다.
그런 의미에서 전문가는 성찰을 통해
국제 컨퍼런스 장에서도 끊임없이 배우는 존재이다.

2. 국제회의 정부 대표단 의제 대응

: 분석, 주장, 협상, 네트워킹

정부 입장을 대변하는 싱크탱크로서
거시적 로드맵과 미시적 전략을 제안하기

우리나라는 외교통상부훈령(제58호)으로 '정부 간 국제회의 참가활동에 관한 규정'[1]을 두고 있다. 정례화된 주요 국제회의는 매년 초 참가계획을 수립하고 정부 부처의 장은 외교부에게 이를 제출하도록 되어 있다. '국제기구를 통한 외교활동의 효율적 수행을 도모'하기 위해서 정부대표의 임무·자격요건 및 업무상 감독권을 외교부가 가지고 있는 것이다. 정부대표의 자격요건도 다음과 같이 훈령으로 정해져 있다.

1. 당해 업무수행에 필요한 전문지식이 있는 자
2. 당해 국제회의에 정부대표로 참석한 경험이 있는 자 또는 다른 국제회의에 참석한 경험이 풍부한 자
3. 실질토의에 능동적으로 참여할 수 있는 충분한 외국어 구사능력을 구비한 자

다양한 형태의 정부 간 국제회의(intergovernmental international conference)가 있지만, 분야 전문성이 필요한 회의는 의제 대응을 위해서 외교관과 전문가가 함께 정부대표단의 일원으로 참여하는 경우가 적지 않다. 위의 훈령에서 제시된 것처럼 국제회의에서 효율적으로 업무를 수행하기 위한 3대 요건, 즉 전문지식, 관련 경험, 외국어 구사 능력은 최소한의 필수 조건이라고 할 수 있다. 국제회의에 참여할 정부대표단의 일원으로 선발되면 세부적으로 어떤

1 외교통상부 훈령. 정부 간 국제회의 참가활동에 관한 규정(외교통상부훈령 제58호, 2001. 8. 21.). https://www.law.go.kr/LSW/admRulInfoP.do?admRulSeq=4544

직무를 맡는가에 따라 다르지만, 중요한 것은 수행 역량이다. 특히 전문가로서 국제회의에 참여하는 데 있어서 "실질토의에 능동적으로 참여할 수 있는"이라는 요건은 어느 국제회의장에서나 매우 중요하게 요구되는 전문가의 역량이라 할 수 있다.

필자는 국제회의 정부대표단 의제 활동에 교육전문가로서 참여해왔다. 예컨대 주(駐)유엔 대한민국 대표부가 초청한 정부 의제 대응 활동, 외교부 및 교육부의 초청으로 이루어진 아시아 태평양 경제협력체(APEC, Asia-Pacific Economic Cooperation) 유관 회의, 교육부가 주관하는 아세안(ASEAN, ASEAN+3)[2] 관련 협의체의 교육정상회의 등에서 전문가로 참석했다. 국제회의의 성격에 따라 세부 직무는 다양했지만 주로 아젠다 분석, 주제 발표, 한국 측 입장에 대한 발언과 주장, 회원국 대표들과 협상과 토의, 그리고 네트워킹이 주를 이루었다. 다양한 경험을 바탕으로 정부 간 대표단의 일원으로서 전문가들이 참여할 때 어떠한 역량을 강화해야 하는지를 살펴보고자 한다.

첫째, 분야 전문가는 다양한 목적과 성격으로 진행되는 정부 간 국제회의에서 관련 주제 영역이 논의되는 전체 지형과 위상을 파악하는 통찰력이 필요하다. 교육, 기후환경, 보건의료, 산업에너지, 농림수산 등 각 분야의 전문가들이 전문성을 가지는 것은 매우 기본적인 요건이다. 이 요건을 기반으로, 더 중요한 것은 전문가로서 통찰력이라 할 수 있다. 국제회의에서 통찰력은 책을 많이 읽고, 연구를 많이 한다고 자연스럽게 쌓이는 것은 아니다. 오히려 경험학습(experiential learning)처럼 국제회의에 많이 참여하면 할수록 얻어지는 암묵지(tacit knowledge)가 쌓이면서 형성되는 역량이라고 할 수 있다. 그런 측면에서 정부대표의 요건에도 "당해 국제회의에 정부대표로 참

2 동남아시아 국가연합과 3개 국가(대한민국, 일본, 중국)를 포함하는 협의체.

석한 경험이 있는 자 또는 다른 국제회의에 참석한 경험이 풍부한 자”를 훈령으로 정의하고 있다. 현업을 가진 전문가가 관련 분야의 모든 국제회의에 참여할 수 없지만, 가능한 여러 국제회의에 참여하면서 시야를 확장하는 과정이 필요하다. 만약 유관 국제회의에 참여한 경험이 없다면 철저한 준비와 선행학습이 필요하다. 본인이 참여하게 되는 정부 간 국제회의에서 해당 주제 분야를 어떤 논점으로 다루어 왔는지 궤적들을 분석하고 지금까지 진행된 주요 발언과 그 쟁점, 이해관계자들의 목소리를 숙지하고 참여하는 것이 필요하다.

이미 발표된 목표와 선언문을 평면적으로 파악하는 것은 누구나 할 수 있다. 중요한 것은 국제사회가 그동안 한자리에 모여서 머리를 맞대어 해법을 찾아왔지만 풀리지 않는 목표, 쟁점과 도전 사항이 무엇인지를 분석적으로 이해하는 것이며, 이것이 ‘싱크 탱크’(think tank) 역할로 참여하는 전문가가 해야 할 일이다. 왜냐하면 정부 간 국제회의에 참여하는 전문가는 수석대표(주로 고위급 외교관)를 단장으로 꾸려진 대표단에 일원으로서 참여하는 것이고, 전문분야의 맥락을 통찰하고 방향성을 짚어주는 발언을 하면서 정부의 의제 대응을 효율적으로 실천하는 데 기여하는 역할을 수행해야 하기 때문이다.

예를 들어 교육 분야의 경우, 주요 국제회의에서는 다음의 쟁점들이 지난 10년간 지속적으로 대두되었다. ① 교육의 공공성과 보편성을 어떻게 확보할 수 있는가? ② 모든 이를 위한 교육 아젠다(Education for All)를 실현하기 위해서 책무성을 어떻게 확보할 것인가? ③ 교육의 투입만이 아니라, 교육의 질적 성과를 어떻게 측정, 평가할 것인가? ④ 안정적인 교육재정 확보를 어떻게 담보할 것인가? ⑤ 교육공동체가 국제사회에서 보다 적극적인 실행주체가 되기 위해 어떻게 대응할 것인가? 등으로 정리될 수 있다. 더욱이 글로벌공동체는 교육 분야의 목표들을 '끝나지 않는 목표'(unfinished goals)의 총체로 인식하는 경우가 많다. 교육은 단거리 경주가 아니라, 중장기적인 마라톤으로서 최소 10년의 개입과 지원이 중요하다.

이처럼 포괄적이고 중장기적인 교육 분야의 특성으로 인해, 정부 간 국제회의 차원으로 열리는 교육장관회의들은 목표만 제시하는 것이 아니라, '교육실천을 위한 행동강령'을 줄곧 강조하며 세부적인 성과물을 제시하려는 경향을 보여왔다. 전문가라면 관련 분야의 국제회의 플랫폼에서 논의된 의제의 특성과 전체 논의 구조를 통찰하는 역량을 갖추는 것이 요구된다.

둘째, 국제회의장의 실제 토의, 발언, 협상의 국면에서 전문가로서 적극적으로 참여하는 역량이 갖추어져야 한다. 앞서 훈령에서도 정부대표단의 자격요건 가운에 "실질토의에 능동적으로 참여할 수 있는 충분한 외국어 구사능력을 구비한 자"로 구체적으로 정의가 된 것은 인상적인 대목이다. 교육 분야 국제회의장에서 전문가로 활동하고 있는 필자의 경험을 비추어 보건대, '외국어 구사 능력이 구비된 것' 그 자체보다 '능동적 참여'야말로 전문가가 갖출 태도이자 행동 역량이라고 생각한다.

여기서 정의하는 '능동적 참여'란 무엇인가? 국제회의 무대에서 능동적 참여(active participation)는 교육학 이론에서 마치 학습자가 적극적으로 수업에 참여하는 현상(actively engaged)과 맥락을 같이한다고 볼 수 있다. 즉, 직업외교관이 아니라 전문가 자격으로 정부 대표단에 참여하는 것은 미리 준비한 내용만 '읽고 발언하는 것'을 넘어서야 한다. 회의 진행과정에서 각국 대표단의 다층적인 발언의 의미를 분석적으로 파악하고, 어떤 입장에서 해당 발언에 대응할 것인지 면밀히 전략을 세워야 한다. 또한 우리 대표단이 준비한 의제별 입장의 국내외 영향력을 포괄적으로 고려하면서 적극적으로 개입하는 행위를 말한다. 면밀한 분석력과 기민한 대응력을 결합하며 실제 국제회의장에서 능동적으로 소통하는 역량이 필요하다.

필자는 2016년 APEC 정상회담에 앞서 열리는 APEC 교육장관회의[3] 준비를 위한 정부 대표단의 일원으로서 페루로 향했다. 한국은 이미 2012년에 APEC 교육장관회의 의장국이라는 포지션으로 인해, 회원국들과의 상호협력과 유대 강화, 후속 조치를 위한 책무성을 더욱 강화해야 하는 위치에 있었다. 장거리 비행이 불가피한 남미 출장임에도 불구하고 '2박 6일'의 일정으로 짜인 강행군이었다. 국제회의 준비를 위한 사전 회의 및 각종 협의회가 진행되었고, 실제 회의장 안에서도 예상하지 못한 과업과 의사결정 사항이 많았던 회의였다.

필자가 참석한 국제회의는 APEC 교육현황 기초 보고서(Baseline Report on Current Education Status in Asia Pacific) 집필을 위한 매우 전문적이면서 동시에 실무적인 성격이 뚜렷한 회의였다. 국제회의에서 도출하는 '보고서'는 논리, 일관성, 증빙자료, 정책 대응이 고루 갖추어져야 하는 일련의 종합적 산출물이다. 그렇기에 교육정책을 연구하는 학자의 참여가 중요하다. 필자는 교육부와 APEC 국제교육협력원으로부터 한국정부를 대표하는 편집위원으로 위촉받았다. 회원국별 APEC 교육현황 기초 보고서의 내용을 조정하고 인적자원 실무그룹 교육분과(HRDWG EDNET)에서 한국이 리더십을 확보할 수 있도록 정부 간 국제협력 채널에 참여한 것이다. 실제로 편집위원으로 예상되는 과업은 '보고서의 내용 조정'과 '교류 협력'이었다.

금번 회의는 이미 제출한 초안 보고서들의 논리적 균형을 맞추고, APEC 회원국 내에서 상호 협력할 수 있는 교육정책들을 검토하고 제안

---

3 아시아·태평양 지역의 경제협력 증대를 위한 역내 각료들의 협의기구인 APEC은 21개 회원국을 보유하고 있다. 그중 교육장관회의는 회원국 간의 유연한 협력과 교류 증진에서 중요한 위상을 가진다.

하는 목적을 가지고 있었다. 우리나라 교육부는 이미 본 회의에 앞서서 APEC 측에 영어로 작성된 교육현황 기초 보고서를 제출했지만, 막상 회의에 참석해보니 아직 제출조차 하지 않은 10여 개 국가는 교육 관련 주요 지표와 통계 범주를 확정하지 못해서 제출이 지연되었다고 발표했다. 정부 대표단의 편집위원으로서 회원국이 작성한 보고서의 내용 조율을 위해서 토론에 임할 만반의 준비를 했지만, 갑자기 회의장의 분위기는 한국보고서 집필 방향을 브리핑해달라는 요청으로 바뀌었다. 본 회의 진행과정에서 보고서를 제출하지 못한 브루나이, 파푸아뉴기니 측 대표단이 한국 교육부가 제출한 보고서를 '교본'으로 참고하기 위해 전체 보고서를 공유해달라는 요청을 한 것이다. 다행히 필자가 한국 측 보고서를 집필한 연구책임자였기에 당황하지 않고 주요 내용을 회원국의 각료들과 조정관들에게 설명하면서 토의를 진행할 수 있었지만, 만약 세부 내용을 모르고 국제회의만 참석한 전문가라면 진땀 나는 요청이었을 것이다.

여기서부터는 당초 전문가로서 요구되는 과업을 넘어 적극적인 참여가 필요한 상황이 전개되었다. 현장에 교육부 책임자가 없었기 때문에 초안 수준인 우리나라의 보고서를 회원국들과 전체 공유하는 것이 어떤 파급효과가 있을지 쉽사리 판단할 수 없는 상황이었다. 필자는 민감한 상황을 적극적으로 설명하면서 대신, 조율과 협력이 필요한 부분에 대해서는 한국대표단이 적극적으로 지원하는 방안을 찾겠다는 입장으로 발언 내용을 조정하였다. 이 발언에 책임지기 위해서 필자는 중국, 일본, 페루, 러시아 측 편집위원들과 함께 회원국의 보고서를 총괄적으로 리뷰하고 조율하는 조정관 역할까지 추가적으로 맡게 되었다. 본 회의가 이루어지는 기간 동안 필자를 비롯한 조정관들은 아침, 저녁으로 따로 협의회를 가지면서 보고서를 조정하고 편집하는 과업을 수행했다. APEC 내의 수많은 교육분과 조정관들과 토론하고 타협해야 하는 일련의 일들이 지속되었다. 적극적인 참여로 예상치도 못했던 실무 작업이 늘어나면서 수면 시간을 줄여나가야 했다. 그렇지만 APEC 교육 유관 회의에서 한국 정부의 주도권을 잡는 데 능동적으로 기여할 수 있었다. 이처럼 다자협력의 무대에서 전문가 한 사람이 미치는 영향은 미미하지만, 정부대표단의 일원으로서 능동적으로 참여할 때 팀의 역량은 높아진다.

셋째, 전문가로서 국제회의에 참석할 때는 명확하고 결단력 있는 화법을 구사할 필요가 있다. 다양한 국제회의를 참석하면서 공통적으로 느낀 것이 있다면 시민단체의 목소리는 매우 크고 적극적이라는 점이다. 그들 스스로도 '큰 목소리'(big voice)를 적극적으로 내면서 사회적 취약집단, 소수자의 권익을 옹호(advocacy)하는 데 앞장서겠다는 미션을 가지고 있다. 예컨대 교육 분야에서 UN의 SDGs 의제를 설정하는 각종 국제회의에서 글로벌 시민단체의 목소리는 거침없었고 네트워킹도 광폭으로 전개하는 모습이 인상적이었다.

전문가로서 참여하는 국제회의의 성격에 따라서 어떤 화법으로 정부 의제에 대응할 것인지를 고민하는 자세도 필요하다. 화법은 의사소통 과정의 일부이지만 국제회의에서 발언의 어조, 뉘앙스의 강약을 보여주는 것이라 할 수 있다. 회의 석상에서 모나지 않고 부드럽고 정중한 완곡어법으로 의제를 명확하게 전달한다면 성공적이겠지만, 때로는 빙빙 돌려서 말하는 우회적 표현이 발언의 명료성을 약화할 수 있다. 국제회의의 토론 국면에서 우리 측 입장을 명확하게 주장하고 설득하고 토론해야 하는데도 완곡어법을 쓰면서 에둘러 발언을 하다 보면 '그래서 결국 한국의 입장은 무엇입니까?'라는 질문을 받게 만든다. 이 책에서도 언급한 UN 여성차별철폐협약 회의에 참석한 정부대표단이 질타를 받은 대목과도 일맥상통한다.

심지어 필자가 평가하고 컨설팅하는 국제개발협력 프로젝트에서도 유사한 일들이 나타난다. 한국인 특유의 우회적 화법이 개발도상국에서 국제협력 사업을 추진할 때는 이슈가 되기도 한다. 우회적 화법은 때로는 정중하게 보일 수 있으나, 목표한 바를 관철하거나 상대방을 설득해서 필요한 가용 자원을 동원해야 하는 상황에서는 유약하다. 예컨대 개발도상국에서 취약계층, 소수집단의 권익보호 활동을 하는 일부 시민사회단체들은 현지에서 공적 권한을 가진 지방정부, 지역 관할청 등과 협상, 논쟁, 타협을 통해 협력을 이끌어내야 하는 경우가 있다. 현지 파트너들이 '관행상 어렵다, 우리 권한이 아니다' 등 미온적인 태도로 나올 때, 일부 활동가들은 부드러운 화법으로 반론을 제기하기보다 수용해버리는 경우가 있다. 때로는 물러서지 않고 적극적 화법을 통해서 최대한 상대방의 마음을 돌려 목표한 바를 이루어낼 필요가 있다. 즉, 체면을 구기거나, 불편한 상황이 예상되더라도 적극적인 협상 태도를 견지해야 한다.

사실 외교관이나 학자로서 정체성을 가진 전문가들은 국제회의에서 주로 완곡어법을 사용하는 경우가 흔하게 보인다. 말에도 표정과 품격이 있기에, 부드럽고 정중하게 '외교적인' 화법으로 메시지를 전달하는 것이 그러한 경우다. 그러나 필자는 정부 간 채널의 국제회의에서 때로는 전문가들이 보다 직설적인 화법으로 능동적으로 교섭하는 역량이 필요하다고 생각한다. 외교관들은 국가의 공무원이기에 발언의 무게나 책무성이 더욱 클 수 있지만, 국제회의에 참여하는 전문가들은 공무원 신분이 아니기에 역설적으로 외교적인 실리나 체면을 떠나서 보다 자유롭게 의견을 제시하고 개진할 수 있다. 물론 이 같은 의견 개진, 공식 발언, 협의안 제시, 정책 제안 등은 국가적 공익을 도모하는 취지에서 이루어져야 한다는 점은 분명하다. 이러한 원칙을 기반으로, 국제협력 무대에서 자주적이면서 결단력 있는 적극적 표현(aggressive expression)을 구사하는 전략이 필요하다.

넷째, 다양한 관계자들과 능동적으로 교섭하고 네트워킹을 확장하는 역량이 중요하다. 정부 의제 대응 활동에 전문가로서 참여할 때는 다양한 이해관계자들과 적극적으로 교섭하고 네트워크를 넓히는 자세가 필요하다. 큰 틀에서 이것은 소통하고 협력하는 역량이라고 할 수 있다.

다자협력 무대에서 유사한 입장을 가진 국가들을 일컫는 'Like-Minded Group'을 활용하여 비슷한 이해관계를 가진 그룹들과 연대하는 것도 네트워킹의 한 모습이라고 할 수 있다. 국제협의체의 목적과 성격에 따라서 우리나라는 주로 중견국(as middle powers), 혹은 선진국의 입장에서 의제 관련 대응을 하거나 국제회의에서 포지션을 정하는 경우가 다수이다. 필자가 참석한 또 다른 협의체인 ASEAN, ASEAN+3 유관 교육장관회의에서는 유사입장 그룹(Like-minded group)이 새롭게 형성되는 것을 자주 목격했다. 의제별로 한국과 중국이 같은 목소리로 대응하는가 하면, 중국과 일본이 연대 전선을 형성하기도 한다. 기존의 국제협력의 관행에 갇히지 않고 아젠다별로 언제든 동지가 되거나, 긴장관계를 형성하는 그룹이 되기도 한다. 특히 재정을 투입하는 의사결정이 필요할 때는 더욱 복잡한 셈법으로 연대가 형성된다. 이러한 판세를 읽고 전문가로서 누구와 교섭하는 것이 유익한 영향을 줄 것인지, 어떤 것이 우리 정부의 입장을 합리적으로 대변할 수 있을지에 대응하며 네트워킹해야 한다.

결론적으로 우리가 국제무대에서 사용하는 화법뿐만 아니라, 다양한 파트너들과 적극적으로 교섭하고 네트워크를 확장하는 역량을 갖추는 것이 중요하다.

이는 공공의 이익을 확장하는 것은 물론, 전문가 개인의 더 나은 성장을 위해서도 매우 중요한 역량이다.

이미 발표된 목표와 선언문을
평면적으로 파악하는 것은 누구나 할 수 있다.
중요한 것은 국제사회가 그동안 한자리에 모여서
머리를 맞대어 해법을 찾아왔지만 풀리지 않는
목표, 쟁점과 도전 사항이 무엇인지를 분석적으로 이해하는 것이며,
이것이 '싱크 탱크'(think tank) 역할로
참여하는 전문가가 해야 할 일이다.

3. 국제기구 자문활동

: 대표성, 건의, 자문, 정책 제안

자문 활동을 하는 과정에서
국가대표성, 공공성, 통찰력을 복합적으로 견지하는 역량 키우기

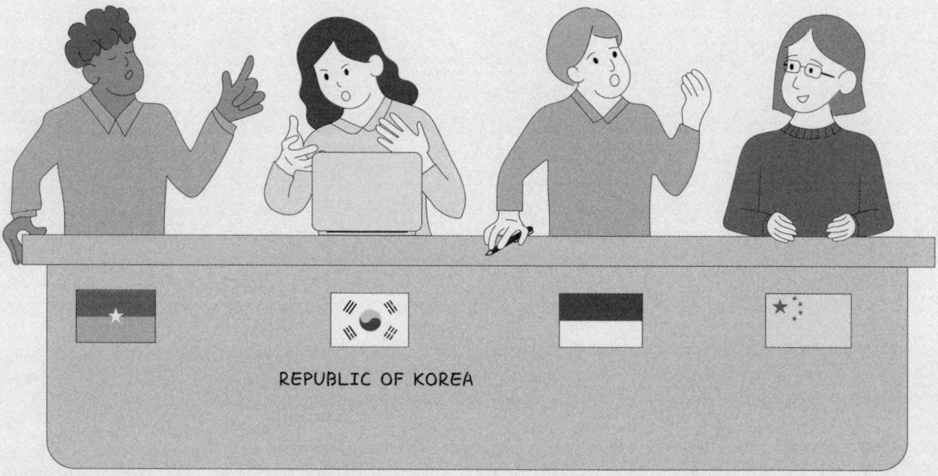

다자외교, 다자협력의 무대는 중요성이 높아질 뿐만 복잡다단하게 펼쳐지고 있다. 국제기구는 다자협력의 세계에서 중추적인 허브 역할을 담당한다. 글로벌 의제를 논의하는 플랫폼을 마련하고 의제의 설계, 조정, 협의, 코디네이션 등 영향력 있는 역할을 수행하고 있다. 이유가 무엇일까? 현대 사회에서 다자간 국제협력은 어느 한 주권국가, 집단, 조직, 공동체의 특정 이해관계와 요구만을 반영할 수 없다. 그야말로 수많은 선진공여국, 재정조달 기구, 실행 주체들, 이해관계자들의 다양한 요구와 입장을 반영해야 하므로 국제기구가 거대한 조율 작업을 진행하는 것이다.

이런 일련의 과정에서 외교관, 정책입안자뿐만 아니라, 의제를 분석하고 자문하고 방향을 제시할 수 있는 다양한 전문가의 역할은 그 중요성이 커지고 있다. 실제로 2015년 9월에 제70차 유엔총회에서 지속가능발전목표(SDGs)가 발표되었지만 수많은 실무 작업은 이미 2~3년 전부터 유엔 회원국의 다양한 패널 전문가 그룹을 통해서 이루어졌다. 개념을 설정하고, 데이터를 수집하고, 지표를 만들고, 기초 보고서를 작성하고, 회원국들의 중간 피드백을 조율하는 복잡한 과정에서 다양한 전문가들이 각국의 입장을 반영하며 참여하는 것이다.

전문가로서 국제기구의 초청으로 자문활동을 할 때는 국가 대표성을 가지는 경우와 그렇지 않은 경우로 크게 나눌 수 있다. 전자는 주로 정부 간 채널에서 전문가의 출신국을 대표하여 자문 요청을 하는 경우이고, 후자는 국제기구 회원국 내의 지역별 안배(regional allocation)를 고려하여 자문위원으로 위촉되는 경우이다. 이렇게 국제기구의 자문위원으로 활동할 때 회의의 성격에 따라서 달리 요구되는 핵심 역량을 설명하고자 한다.

첫째, 정부 간 채널에서 선발된 전문가로 활동할 경우는 국내외 관계자들과 적극적으로 소통하고 협업하는 역량이 요구된다. 국제기구가 마련한 정부 간 협의체에서 이루어지는 자문활동은 대표성을 가진다. 이 경우 전문가로서 국제기구 자문위원으로 활동하는 것은 특정 대학이나 연구기관에 소속된 개별 교수, 연구자의 입장으로 참여하는 것이 아니다.

필자는 그동안 국제기구들이 주관하는 SDGs 교육 의제에서 정부 간 패널(Intergovernmental Panel) 역할로 자문위원으로 활동해왔다. 이러한 플랫폼에서는 개인 학자로서 입장이나 명예를 내세우는 것이 아니라, 왜 내가 여기서 참여하는지를 공공성의 관점에서 인식하는 것이 중요하다. 말하자면 정부 간 패널(위원회)의 자문위원으로 참여하는 전문가는 국제기구들의 수많은 의제 조정 프로세스에서 합법성을 제고하기 위한 톱니바퀴가 되어 효율적인 조정(effective coordination)의 도구로 활용되기 때문이다. 전문가가 도구로 활용된다는 것이 이상하게 들릴 수 있다. 도구이기 때문에 수동적인 객체가 되는 것은 아니다. 다만 국제기구가 제공하는 플랫폼에서 전문가는 특정 의제를 분석, 조율, 자문하고 정부 채널의 입장을 유연하게 반영하는 데 활용되는 사람이라는 것은 분명하다.

그렇기 때문에 국제회의가 열리기 전후로 관련 부처의 정부관계자, 정책입안자, 시민단체 등과 의제에 대해 논의하고 협의하는 과정이 필요하다. 즉 의제를 자문하는 데 있어서 균형 잡힌 시각을 견지할 수 있도록 조율하는 작업이 일정 부분 필요하다. 그런데 현실적으로 이러한 협업은 쉽게 이루어지지 않는다. 일반적으로 직장 내부에서도 협업이 잘 이루어지지 않는 '서로 담당이 아니라서' 혹은 '부서 간 칸막이 및 이기주의' 등이 주로 손꼽힌다.

필자는 교육과 아동 전문 국제기구인 유네스코(UNESCO), 유니세프(UNICEF)의 세계시민교육 의제, 평생학습 의제, 동아시아 교육형평성 의제 등 패널 위원회에 참여하면서 자문의 방향을 조율하는 협업이 어려운 이유를 몸소 경험하게 되었다. 대부분의 부처 공무원들은 국제협력 관련 담당자가 아니라면(심지어 담당자라도), 각자의 현업에 묻혀 전문가의 자문활동에 관심을 가질 여력이 없다. 어떤 성격의 국제회의인지 모르는 경우가 많고, 알게 되더라도 '박사님께서 워낙 잘하시니 알아서 잘 대응해주세요'라는 반응이 대부분이다.

그런데 이 같은 태도를 보이는 이해관계자들을 붙잡고 논의를 주도하고 이끌어가야 하는 것도 전문가가 해야 할 일이다. 협업의 파트너들이 관심 없고 바쁘다고 해서 나 혼자 대표 의견을 낼 수 없기 때문이다. 어렵더라도 자리를 만들어서 논의하고, 정부 채널의 대의와 입장을 파악하는 것은 매우 중요하다. 예컨대 이번 국제회의에서 A라는 자문의견을 표명했을 때의 영향과 B라는 자문의견을 제시할 때 어떤 차이가 있는지를 설명하는 과정도 필요하다. 아울러 우리 정부가 해당 국제회의의 의제에 대해서 어떤 입장을 가지는지, 국내에서 연계해서 실행할 수 있는 정책 도구나 프로그램이 무엇인지를 아이디어를 구하는 것도 중요한 과업이다. 이처럼 국제기구의 자문위원으로 참여하는 전문가는 회의 참석 전에, 국내의 다양한 이해관계자를 협의의 테이블로 적극적으로 이끌어내고 회원국 사이에서 우리나라의 포지셔닝과 자문 내용의 의미를 보여주는 소통 창구의 역할도 할 수 있어야 한다. 왜냐하면 이러한 성격의 자문활동은 정부 간 협상(intergovernmental negotiation)의 거대한 톱니바퀴 중 일부 과정으로 들어가기 때문이다. 따라서 국제회의에 참석해 자문활동을 하기 전(前)과 참석 후(後)에는 '소통하고 협업하는 역량'이 강조된다. 결론적으로 국제기구가 마련한 정부 간 채널의 자문위원으로 활동하는 경우는 '한국'(Republic of Korea)의 입장을 파악하고, 대변하고, 건의하는 역할을 제대로 수행해야 한다.

둘째, 글로벌 의제의 다양한 목소리와 요구를 균형 잡힌 시각으로 통찰하고 정책 대안을 제시하는 역량이 필요하다. 즉, 정책 제안을 할 수 있는 역량이 요구된다. 각 국가마다, 단체 및 협의체의 성격에 따라 '교육발전' 의제에 대한 경험, 인식, 관점이 조금씩 다르다. 예를 들어 <아프리카 교육장관협의체>가 주관하는 국제회의에서는 공통적으로 강조되는 유아교육, 기초문해, 여아교육의 문제가 화두이다. 반면 <중남미 및 카리브연안 국가의 교육시민단체협의체>는 교사교육, 교육형평성, 교육재정 확보에 더 무게 중심을 두는 경향이 나타난다. 이처럼 글로벌 의제를 받아들이고 활용하는 것은 결국 각 국가가 결정하는 것이며, 국가별로 의제를 대하는 온도 차이는 다르다. 따라서 정부 간 채널에 참여한 전문가는 글로벌 의제를 국내에서 책임 있게 이행할 수 있도록 적절한 정책 방안을 권고할 수 있어야 한다. 그렇지 못할 경우는 전문가의 자문의견은 미사여구나 수사학에 그칠 수밖에 없다.

필자도 이러한 형태의 자문활동을 하면서 많이 깨지고 많이 배우는 과정을 거쳤다. 우리정부는 2015년 유엔 총회에 앞서 인천에서 열린 세계교육포럼(World Education Forum)을 성공적으로 개최했다. 이 과정에 의제분석 연구자로 참여하면서 분주한 시간을 보내고 있었다. 한 달이 채 지나지 않아, 2015년 6월에 열린 유엔의 정부 간 패널 세미나에서 필자는 한국정부의 대표적인 교육의제인 '세계시민교육'에 대한 자문협의체에 전문가로 참여하였다. 출장 전에 아무리 바빠도 협의회를 꾸려서 교육부의 담당 공무원, KOICA의 세계시민교육 실무책임자, 시민단체의 입장을 다각적으로 청취하는 자리를 만들었다. 자문 방향을 조율하는 데 참고가 된 귀한 시간이었다.

그런데 자문에 방점을 둔 준비과정의 방향과 달리, 실제 참석해보니 유엔 세미나에서는 '정책 대안'을 제시해야 하는 것이 전문가로서 필자의 미션이었다. 즉 한국사회에서 세계시민교육의 위상, 정부의 정책, 유관 기관들의 세계시민교육 프로그램을 종합적으로 설명하고 교육의제의 정책적 실천을 권고하는 성격의 국제회의였다. 단순히 의제를 타협하고 조율하는 컨설테이션(consultation) 성격의 자문회의가 아니라, 정책 연계성과 책무성을 제안, 건의하는 성격이 강했던 것이다. 이렇듯 국제기구마다, 자문회의의 목적마다 전문가로서 발휘해야 하는 역량의 초점이 상이할 수 있다는 점을 체감하고 교훈을 얻을 수 있는 시간이었다.

이러한 경우와 달리, 국제기구 회원국 내의 지역별 안배(regional allocation)를 고려하여 자문위원으로 위촉되는 경우는 개별 전문가로서 독립적 의견을 낼 수 있다. 예를 들어, 국제기구에서 주관하는 자문회의 가운데 일부는 학술적인 개념을 조율하고 지역 간 정책 실천(regional policy action)의 방향을 협의하는 회의도 있다. 이 경우는 학술 연구자의 관점에서 의견을 자유롭게 표명하고 정책 방향을 권고할 수 있다.

유니세프(UNICEF) 동아시아 퍼시픽 지역사무소(EAPRO)의 세계시민교육 패널 회의가 하나의 사례가 될 수 있다. '세계시민'이라는 개념이 와닿지 않는 아세안 국가(ASEAN)의 교육 수장들은 정책 연계 방안에서 각자 다른 목소리를 내고 있었다. 그중에 브루나이 교육부는 '성 평등' 개념을 세계시민교육 과정에서 삭제하겠다는 의견을 제시하였다. 성 평등을 강조하는 것은 이미 존재하는 '인권 주제'와 혼동을 일으킨다는 의견이었다. 그러나 브라나이 교육부의 속내는 샤리아(이슬람 율법 체계)를 따르는 브루나이에서 세계시민교육이라는 단어가 지극히 서구적으로 다가오고, 이슬람국가에서 정의한 성 평등 개념과 충돌하는 것을 염려하고 있었다. 이처럼 갈등이 야기되는 상황에서 우선 필자는 세계시민교육이론에서 성 평등의 의미와 위치를 짚어주었다. 그리고 브루나이의 사회문화적 특성을 반영한 연계 프로그램을 권고하는 수준으로 자문활동을 했다. 이 회의는 유니세프가 지역별 안배의 원칙에 따라, 필자를 아시아 지역의 자문위원으로 초청했기 때문에 자문 내용이 국가적인 대표성의 무게를 가지지 않아도 되었다.

그 밖에도 국제기구가 주관하는 정부 간 협의체에서 마련한 자문회의의 스펙트럼은 매우 다양하고 폭넓다는 것을 상기할 필요가 있다. 이렇게 다양한 국제회의 자문활동에 있어 전문가들은 의제를 건의, 자문, 권고, 조정하는 과정에서 포괄적으로 통찰하고 의제를 실천할 수 있는 유관 정책을 제안하는 역량이 필수적이다. 또한 글로벌 의제에 대한 자문 방향이 결국 자기 나라의 관련 정책과 연계할 수 있도록(alignment) 적절한 정책 대안을 마련하는 데 기여할 수 있어야 한다.

비록 필자는 '사회발전'을 목표로 하는 교육 분야에서 주로 활동했지만 경제, 환경, 에너지, 고용 등 유엔의 지속가능개발목표(SDGs)의 17개 세부 목표별로 다양한 영역의 전문가들이 세계시민사회의 번영을 위해서 지금도 다양한 보폭으로 활동하고 있다. 다가오는 미래에 여러분이 멀티 플레이어(multiplayer)로서 활약할 수 있도록, 자신만의 역량을 비축하고 적재적소에서 발휘할 수 있도록 실력을 갈고 닦는 것만이 확실한 길이라는 점을 강조하고자 한다.

국제기구가 주관하는 정부 간 협의체에서 마련한
자문회의의 스펙트럼은 매우 다양하고 폭넓다는 것을
상기할 필요가 있다. 이렇게 다양한 국제회의 자문활동에 있어
전문가들은 의제를 건의, 자문, 권고, 조정하는 과정에서
포괄적으로 통찰하고 의제를 실천할 수 있는
유관 정책을 제안하는 역량이 필수적이다.

4. 국제개발협력 평가 및 컨설팅 활동

: 평가, 심사, 조정, 권고

세부적인 평가 항목을 넣어서 통합적으로 평가하고
질 높은 성과향상을 이끌어내기

국제개발협력은 개발도상국의 빈곤 퇴치와 지속가능한 번영을 모색한다. 얼마나 거창하고 야심찬 목표인가. 국제사회의 리더들 역시 끝나지 않을 것 같은 목표(unfinished goals)라는 점을 자인하고, 그렇기 때문에 다 함께 협력해야 한다는 점을 역설하고 있다. 2015년 제70차 유엔총회에서 선언된 지속가능발전목표(SDGs)는 그동안 개발협력의 거대한 프레임과 세부 전략을 바꾸는 분수령이라 할 수 있다. 과거에는 빈곤한 개발도상국가의 발전을 위해서 투입(input)에 초점을 두었다면, 이제는 개발의 질(quality)을 평가하고 발전의 지속가능성을 모니터링하는 것에 초점을 두는 변화가 감지되었다. 즉 패러다임의 전환이다. 전통 선진국 출신의, 소수 국제엘리트 집단이 주도하던 개발협력에서 시민단체, 기업, 지역협의체를 비롯한 다양한 이해관계자들이 공동으로 참여하고, 견제하고, 모니터링하는 판으로 바뀌고 있다.

이 같은 외연의 확장 속에서 국제개발협력 사업의 평가와 컨설팅은 그 중요성이 확대되고 있다. 단순히 투입, 투자, 기여를 했다는 실적이 중요한 것이 아니라, 모든 사업마다 단계별 평가 기제가 필수적으로 들어가 있으며, 질 관리를 위해 컨설팅을 비롯한 체계적인 모니터링 시스템을 갖추는 방향이 중요해진 것이다. 국제협력 사업에 대한 평가는 '해도 좋고 안 해도 좋은' 선택의 문제가 아니라, 하나의 시스템으로 작동되는 필수 기제이다.

바로 이러한 맥락에서 전문가들의 평가와 컨설팅 참여에 대한 외부적 요구는 더욱 커지고 있다. 이유가 무엇인가? 평가와 컨설팅은 각종 자원을 적재적소에 활용할 수 있는 합리적인 방향성을 제공하며, 나아가 국제개발협력의 지속가능성을 높여주기 때문이다.

우리나라의 <국제개발협력 통합평가지침>[4]에서는 "평가"에 대해 다음

4 ODA Korea. (2014). 국제개발협력 통합평가매뉴얼(개정). https://odakorea.go.kr

과 같이 정의한다. '진행 중이거나 완료된 국제개발협력사업에 대한 계획, 실행 및 결과에 대한 체계적이고 객관적인 분석을 통해 국제개발협력사업의 성과를 측정하는 것'이라고 제시되어 있다. 반면 국제개발협력에서 "컨설팅"은 법적 용어로 규정되어 있지 않다. 대개의 경우 컨설팅은 경영학에서 도래한 용어로서, 회사와 조직의 목적을 달성하기 위해서 경영 측면에서 당면한 문제들을 분석·규명·해결할 수 있도록 도와주는 전문적인 서비스로 이해된다. 평가와 컨설팅은 사업에 대한 양질의 평가, 심의, 조정, 조언 제공, 교훈 작업이라는 공통점은 있지만, 세부 직무 단위나 활동이 같은 것은 아니다.

이 같은 기초적인 이해를 바탕으로 이 책에서는 평가와 컨설팅을 개념적으로 설명하는 것에 방점을 두지 않는다. 여기서 초점을 두는 것은 여러분이 개발협력 전문가로서 평가 및 컨설팅 활동에 참여하게 될 경우에 무엇을 해야 하는지, 어떤 역량을 발휘해야 하는지를 설명하는 데 있다.

국제개발협력의 다양한 전문가들은 주로 자신의 전문분야에 따라서 사업단위, 프로그램 단위로 평가와 컨설팅을 한다. 평가와 컨설팅의 종류 및 세부 직무는 다양하다. 우선 평가에 대해서 살펴보고자 한다.

국내에서 이루어지는 평가인지, 해외 개발도상국가에서 이루어지는 평가인지, 영어로 작성된 문건에 대한 평가인지, 한국어로 작성된 문건에 대한 평가인지 등은 오히려 지엽적인 문제이다. 공모 경쟁에 올라온 사업들을 공정하게 선정하기 위해서 평가지표에 따라서 등급화하고 우수성과 부적격성을 가려내는 심사형 평가가 주를 이룬다. 또한 평가시점에 따라 사업 설계의 적절성을 검토하는 사전평가, 진행 사업의 과정을 중점에 두는 중간평가, 그리고 사업 목적 달성을 종합적으로 평가하는 최종평가로 구분하기도 한다. 아울러 종료된 사업의 중장기적 영향력을 다면적으로 평가하는 활동도 있다.

이처럼 다양한 평가활동에서 전문가들이 가장 우선적으로 갖추어야 할 역량은 무엇일까. 첫째, 평가의 목적이 무엇인지를 다층적으로 살피는 시각이 중요하다. 전공 분야의 전문성, 학술적 관점에서만 사업을 파악하는 것이 아니라, 평가·심사 자체의 목적과 초점을 다각도로 통찰하는 것이 중요하다. 이를 위해서는 평가를 의뢰한 기관과의 소통 역시 필요하다. 평가의 목적에 따라서 평가지표와 평가항목 간 비중은 상이하다. 그렇기 때문에 전문가는 미리 평가의뢰 기관에게 본 평가의 핵심적 취지를 제대로 파악하면서 평가 리포트가 유익하게 활용될 수 있도록 힘써야 한다.

일례로 필자는 몽골에서 진행한 교육협력 사업에 대한 중간평가 실시를 위해서 전문가로 참여해달라는 요청을 받고 현지로 출장을 갔다. 교육협력 사업 속에는 유아교육, 직업훈련, 교원 연수 등 단위 사업들이 수도 울란바토르에서뿐만 아니라, 지방에서도 동시에 진행되고 있었다. 단위 사업들을 책임지는 한국인 현장 매니저는 1명이었지만, 이 매니저와 협력을 하고 있는 지방교육청의 주체, 파트너들은 다양했다. 필자는 현지 출장에 앞서 어디에 주안점을 두고 평가를 해야 할지, 중간평가를 의뢰한 본부의 담당자에게 물었다.

"사실 본부 입장에서 볼 때는 이번 사업이 교육과정의 흐름에 맞게 잘 진행되고 있는 것 같고 현지 매니저님도 착착 진행된다고는 말씀하시거든요. 그런데 제가 인력 예산을 챙겨보다가, 매니저님이 핸드폰 수신이 안 터지는 곳으로 출장을 가셔서 연락이 안 닿았던 시기가 있었어요. 그래서 할 수 없이 직접 지방교육청의 파트너들한테 연락을 했습니다. 그런데 그분들이 '드디어 본부에서 연락을 주셨군요!'라고 반색을 하셔서 대화를 이어가게 됐어요. 요는 이겁니다. 지역 현지 파트너들은 저희 사업의 매니저님이 현지인들의 의견을 무시하고 독불장군처럼 지시만 하는 태도에 오랫동안 반감이 있었다는 겁니다. 저로서는 매니저님을 신뢰하고 있어서 예상치 못한 내용이라서 당황스럽게 전화를 끊었어요. 그래서 박사님께서 이번에 외부자로 가시니까, 객관적으로 어떤 상황인지 진단하고 평가를 좀 해주셨으면 합니다."

사업 진행과정에서 '인력' 문제는 추진하는 사업의 질(quality)을 결정하는 부분이며, 민감한 부분이다. 평가를 의뢰한 기관의 입장을 감안하더라도, 사업성과를 달성하기 위해 전문가로서 공정하고 균형 잡힌 평가를 하는 것이 가장 중요하다. 실제로 필자가 몽골 현지에서 평가를 하며 발견한 사실들은 지면에 담을 수 없을 정도로 복잡하게 얽혀 있었다. 아울러 문제가 된 현지 매니저의 능력(현지어 구사, 파견된 나라에 대한 이해, 네트워킹) 자체는 탁월했지만, 지역의 파트너들과 일하는 태도는 협력적이지 않고 상당히 지시적이라는 점이 여실히 드러났다. 해당 매니저는 필자의 평가 일정을 동행하는 와중에 '이미 잘하고 있는데 평가는 굳이 왜 하나요? 평가받는 건 기분이 썩 좋진 않거든요'라는 방어적인 태도를 보이기도 했다.

공익과 지속가능성을 도모하는 개발협력 사업의 평가는 누군가의 개인적 상황과 기분을 맞추기 위해서 이루어지지 않는다는 것은 자명하다. 평가는 이해관계자들의 개인적 감정이나 정서에 영향을 받지 않아야 한다. 그럼에도 불구하고 평가를 열렬히 환영하는 사람은 없다는 보편적인 정서 역시 이해한다. 해당 매니저의 개인적 태도 문제가 아니라, 현지 사업이 효율적으로 진행되지 못하는 문제점을 다층적으로 진단하는 것이 급선무였다. 이에 필자는 사업의 근원적 목적을 달성하기 위해 필요한 세부 방안들을 객관적으로 도출하면서 평가를 마무리했다.

둘째, 평가자는 제공하는 평가 내용이 '뜬구름 잡는' 의견이 아니라 사업 개선에 실질적인 참조(practical reference)가 될 수 있도록 명료하게 보고서를 작성해야 한다. 평가 결과서는 누가 읽어도 이해할 수 있는 핵심 단어, 간결한 문장으로 간명하게 작성되어야 한다. 전문가로서 리포팅을 명확하게 하는 것은 필수 역량이다. 평가 내용을 읽은 담당자, 실무자들이 추후 관련 사업 개선을 추진할 때 교훈효과(lesson learned)를 주는 방향으로 작성된다면 금상첨화이다.

명료한 보고서는 효율적인 읽기 역량과 연결되어 있다. 평가위원으로 선임되면 평가 대상으로 제출된 방대한 읽기 자료를 효율적으로 분석해야 한다. 이 책에서도 '폭넓은 자료에 대한 전략적으로 읽기'는 중요한 기초 역량 중 하나로 제시되었다. 평가항목에 근거하여 적확한 평가를 내리기 위해서 제출된 각종 보고서, 증빙자료들의 내용과 행간을 종합적으로 분석하면서 평가해야 한다. 평가에 소요되는 시간은 정해져 있기 때문에 한정된 시간 자원 속에서 객관적으로 평가하는 것이 중요하다.

이러한 역량들과 더불어, 평가자의 마인드도 중요하다. 평가자는 자료를 이해하는 사람이 아니라, 심사하고 평가를 내리는 사람이라는 본분을 상기할 필요가 있다. 또한 평가자는 자기가 알고 있는 이론, 지식, 동향을 자랑하고 가르치는 사람도 아니다. 필자는 일부 전문가들이 평가 내용과 목적에 맞지 않게 피평가자에게 자신이 아는 내용을 설명하려 들거나, 본질을 흐리는 평가 의견을 제시하는 경우도 목격했다. 우리는 이러한 모습을 타산지석으로 삼을 수 있도록 언런(unlearn)의 기술이 중요하다는 것을 기억해야 한다. 마지막으로 평가자는 우위에 있는 사람이 아니라는 자기 인식이 중요하다. 평가에 참여하는 전문가는 궁극적으로 평가의뢰기관 및 피

평가기관의 발전에 중립적으로 도움을 주는 제3자이기 때문이다.

다음으로 컨설팅에 참여하는 전문가의 역량을 살펴보고자 한다. 실천 현장에서 요구되는 컨설팅은 평가보다 포괄적이며 다층적이라고 할 수 있다. 물론 국제개발협력 사업에 대한 컨설팅 역시 전통적인 평가항목 및 평가지표 등이 어느 정도 구분되어 있지만, 상대적으로 컨설팅은 사업의 질 제고를 위한 전면적인 성과관리에 보다 밀접한 연관성을 가진다. 단순히 사업의 우위, 우수성, 적합성을 평가하고 심사하는 것이 아니다. 컨설팅은 개발협력 사업들이 당면한 복잡다단한 문제와 이슈를 진단하고, 분석하여, 해결방안을 제시함으로써 폭넓은 조정과 권고사항을 도출하는 활동이다. 그런 이유로 컨설팅은 참여한 전문가들마다 역량의 차이가 오히려 두드러지는 분야라 할 수 있다. 투입된 전문가는 컨설턴트로서 그동안 수행했던 업무의 경험치, 노하우, 감식안, 조정력, 해법 제시 등을 '전문성'이라는 종합적인 역량으로 증명해야 하는 사람이다.

단위 사업에서 왜 컨설팅을 제공하는 전문가를 고용했는지 근본적으로 생각해봐야 한다. 컨설팅에 참여하는 전문가는 사업 시행 주체와 이해관계가 없는 제3의 외부자이다. 전문가를 컨설턴트로 참여시키는 것은 사업을 추진하는 '과정'의 방향성을 검토, 진단하면서 소기의 목적을 달성하기 위한 '성과관리'를 체계화하기 위함이다. 사업의 목적 자체는 사업 발주자가 가장 잘 이해할 텐데, 왜 전문가가 필요하겠는가? 내가 전문가로 초빙되어, 컨설팅 사업에 참여할 경우는 의뢰를 한 기관이 전문가를 통해서 과연 어떤 도움을 받고 싶은지를 그들 입장에서 역으로 질문하고, 구체적인 의도를 파악하는 것이 선행되어야 한다. 컨설팅을 통해서 도모되는 이익과 공익을 달성할 수 있도록 전문가는 최고의 아웃풋을 보여주어야 한다. 다시 말해, 국제개발협력 분야의 단위 사업에서 나타나는 문제를 종합적으로 진단하고, 진행과정에서 발견되는 제도적, 행정적, 인적 자원의 이슈들을 조기에 극복하고 사업성과를 향상시키는 것이 컨설팅의 목적이다.

실제로 국제개발협력 실무 사업에서 컨설팅을 받는 기관, 회사, 대학들은 '평가'라는 딱딱한 프레임 속에서 전문가를 만날 때보다, 컨설팅으로 전문가를 만날 때 심적 부담감이 완화된다고 말한다. 왜냐하면 컨설팅에서 도출된 권고사항, 조언, 문제해결 방향들은 강력한 구속력을 갖지 않으면서도, 사업 발전에 실질적 도움이 될 수 있다는 입장이기 때문이다. 그런데 컨설팅을 받는 기관들이 편안한 상태에서 참여한다고 해서, 컨설턴트로 참여하는 전문가들도 편안한 입장에서 참여하는 것은 아니다. 오히려 전문가는 '부드럽지만 강단 있게 임팩트를 주는 유익한 가이드 라인'을 제시하는 것이 본분이기에 더욱 체계적으로 준비하고 대응해야 한다.

구체적으로 컨설팅에 참여하는 전문가에게 요구되는 역량을 살펴보면 다음과 같다. 첫째, 사업 진행 상황에 대해서 '잘 묻고 잘 듣는' 즉 질적으로 질의하고 경청하는 자세가 중요하다. 사업을 진행하는 실무자들은 전문가 앞에 모든 것을 펼쳐서 보이지 않는다. 의도적으로 그럴 수도 있고, 굳이 이런 부분까지 말할 필요가 없다는 자체 판단 때문에 그럴 수도 있을 것이다. 사실, 제 나름대로 땀 흘려서 사업을 추진하고 있는 실무자들은 외부에서 온 전문가에게 약점, 단점, 어려움을 훤히 드러내서 보여주지 않는 경우가 더 많다. 보이지 않는다고 해서 문제가 없는 것은 아니다. 사업의 실체, 행간, 맥락을 분석하고 진단하기 위해서 비판적이고 다층적인 질문들이 구비되어야 한다. 아울러 질문과 경청을 통해서 실무자들이 가지는 어려움의 종류가 무엇인지를 분석적으로 진단하고 실천 방향을 도출하는 것도 전문가의 몫이다.

둘째, 컨설팅에 참여한 전문가는 전환적 기술(transferable skill)을 갖추어야 한다. 이미 정해진 평가항목, 평가지표의 영향을 받는 평가활동과 달리, 컨설팅은 평가기준을 넘어서서, 사업 전체를 종합적으로 진단하고 성과를 향상할 수 있는 조언과 가이드 라인을 제시하는 방대한 활동이다. 전문가는 '보이는 것'과 '보이지 않는 것'들 사이의 간극과 촘촘한 경계들을 체계화된 질문을 통해서 연결시키고 퍼즐을 맞춰가야 한다. 만약 A라는 단순 문제나 이슈로 보이는 것이 사실은 B라는 제도적, 구조적, 인적 자원의 문제와 결합되어 있는 경우가 많다. A와 B 사이의 관련성을 제대로 짚어주고 실질적인 대안까지 마련해주는 것이 전문가의 역할이 되어야 한다.

예컨대 필자는 아프리카의 과학기술 인재양성을 위한 국제협력사업에 컨설턴트로 참여한 경험이 있다. 우리나라 명문대학의 교수들이 에티오피아의 공과대학의 인재양성을 지원하는 사업이었다. 새로운 교육과정을 설계하고, 교수진을 채용하여 전문 교원을 보강하고, 훌륭한 강의실을 구축하고 값비싼 기자재를 들여오는 등 교수학습 자원을 빈틈없이 마련하였다. 현지 출장 전, 필자는 서면으로 진행된 컨설팅 단계에서는 제출된 각종 보고서와 증빙자료를 보면서 이 사업이 성공적으로 추진되고 있다고 판단했었다. 다시 말해 공여주체로서 우리나라의 대학들이 개발한 교육과정, 교육환경 등이 손색없이 갖추어진 것으로 판단하였다. 그런데 에티오피아에 있는 현지 대학에 가서 컨설팅을 실시했을 때는 수많은 문제와 난맥상이 뒤엉켜 있는 것을 파악할 수 있었다. 아무리 교육환경이 '구축'되었다고 해도 학습자들이 의미 있게 활용하지 못하면 구색만 갖춘 것에 지나지 않는다. 현장을 방문했을 때, 수천만 원에 달하는 현미경과 교육 장비들은 '고이 모셔진' 상태였고 자물쇠로 잠긴 채로 '관리'되고 있었다. 교육과정도 마찬가지로 문제가 있었다. 과학 인재를 양성하기 위해서 한국의 교수진이 만든 교육과정도 에티오피아 현지 대학생들의 눈높이에 맞게 체계화되지 않으면 '교육과정 따로, 실천 따로'가 되는 형국이 된다.

필자는 교육과정을 개발한 교수들에게 실제 사업을 추진하는 데 가장 어려운 점이 무엇인지 진솔하게 답변을 해달라고 물었다. 사업 책임을 맡은 교수는 난감한 표정으로 다음과 같이 말했다.

"솔직히 강의실을 만들고, 실험실을 만드는 과정도 어려웠지만 학생들을 가르치는 게 이렇게 어려울 거라고 예상하지 못했어요. 기본적으로 우리가 생각했을 때 과학이나 공학을 전공하는 대학생이라면 필수적으로 알아야 하는 미적분, 응용 함수는 어느 정도 마스터하고 대학생이 됐을 거라고 생각했는데, 전혀 아니더라고요. 이 지역에서 제법 똑똑한 학생들이 선발되어서 왔다고 들었는데 수업을 못 따라가고 있어요. 한마디로 머리가 아픕니다. 교육과정을 재조정해야 합니다. 이런 문제뿐만 아니라 애들이 학교에 출석을 잘 안 해요. 수업도 중간에 포기하는 학생들도 많습니다. 교실도 만들고 기자재도 마련해서 팀별 프로젝트로 활용하려고 했는데 애들이 중간에 자꾸 탈락하니 어려움이 있는 상황입니다."

이 사례의 경우에서 알 수 있듯이 교육과정, 교육환경 및 자원, 학습자의 문제는 서로 연동되어 얽혀 있는 것을 알 수 있다. 컨설팅을 하면서 전문가는 분절되어 있는 쟁점들을 상호 연계시키고 문제적 상황을 제거하며 사업성과를 높일 수 있는 적실한 해법과 전략을 제시해야 한다. 이것이 곧 현장에서 요구되는 전환적 기술이라 할 수 있다. 그런 의미에서 컨설턴트로 투입된 전문가는 자신이 그동안 쌓아온 기술, 노하우, 통찰력을 종합적인 역량으로 발휘해서 미시에서 거시까지 방향을 제시할 수 있어야 한다.

셋째, 컨설턴트로서 전문가는 컨설팅 성과를 향상시키기 위해서 의뢰

기관과 적극적으로 상호 소통하는 역량이 필요하다. 어떤 기관에서 의뢰를 받든 간에, 컨설팅을 요청한 기관과 긴밀하게 의사소통하는 것이 중요하다.

국제협력 분야의 전문성을 인정받게 되면 국제기구가 추진하는 섹터 사업의 컨설턴트로 초빙되는 기회들도 늘어난다. 필자는 유네스코(UNESCO) 아시아태평양지역의 46개 회원국이 참여하는 학습도시 사업의 컨설턴트로 활동하였다. 또한 유니세프(UNICEF) 동아시아태평양지역의 세계시민교육 프로그램을 조정, 권고하는 컨설팅 사업에 전문가로 참여하였다. 그리고 아시아개발은행(ADB)의 초청으로 동아시아 국가의 SDGs 교육의제실천전략을 설계하는 컨설턴트로 참여하기도 했다.

주로 무상 개발협력을 추진하는 국제기구와 유상원조를 하는 '뱅크'의 성격이 다르다는 것을 상기할 때, 컨설팅 진행과정의 의사소통 방식도 상이하고, 컨설팅 성과에 대한 요구도 역시 달랐다. 유네스코나 유니세프의 경우, 맥락에 대한 설명(context based description)과 예측되는 영향력(expected impact)을 포괄적으로 제시할 것을 요청한 반면, 아시아개발은행은 컨설턴트에게 한눈에 알 수 있는 핵심 통계와 숫자로 컨설팅 보고서를 요구했다. 국제사업의 투입-산출물의 로직(logical frame)이 딱딱 맞아떨어지는 분석과 설명을 강조하는 경향이 뚜렷하다. 이처럼 컨설팅을 의뢰하는 주체에 따라 성과물에 대한 요구도가 다르기 때문에 컨설턴트는 중간 추진과정에서 효율적으로 소통해야 한다. 나를 초청한 국제기구에서 큰 가이드라인이 없다고, 혼자서 대충 짐작하고 일을 추진하는 태도는 매우 위험하다. 체계적으로 항목 하나하나의 개념 정의부터, 분석 방향, 분석 방법, 컨설팅 보고서의 아웃라인, 문제해결을 위한 대안 마련까지 협의하면서 추진해나가야 한다.

이처럼 전문가는 다양한 스펙트럼을 가진 평가 및 컨설팅 활동을 수행하면서 요구되는 역량을 발휘해야 한다. 평가활동에서 전문가는 평가항목

별로 빈틈없이 평가를 진행하는 것뿐만 아니라, 사업 추진에서 어떤 문제, 이슈, 장벽이 구조적으로 존재하는지 통찰하면서 진단하고, 명료한 보고서를 작성하는 역량이 요구된다. 또한 컨설팅의 세계에서는 질문과 경청하는 자세를 기반으로, 전환적 기술을 갖추며 상시로 의사소통하는 역량을 갖추어야 한다. 전문가로서 일정 궤도에 들어서면 '많은 지식을 쌓는 것' 그 자체가 중요한 게 아니라, 수행 역량을 얼마나 제대로 발휘해서 성과물을 도출할 수 있는가가 관건이라 할 수 있다. 이를 위해 전문가는 자신의 역량을 쏟아부으며 일해야 한다.

전문가로서 일정 궤도에 들어서면
'많은 지식을 쌓는 것' 그 자체가 중요한 게 아니라,
수행 역량을 얼마나 제대로 발휘해서
성과물을 도출할 수 있는가가 관건이라 할 수 있다.

"결심은 누구나 한다.
쟁점은 매일 공부하고 역량을 키워가는 실천의 힘"

이 책을 읽는 독자들은 누구보다 국제사회에서 대한 관심이 많을 것이다. 이미 실시간으로 온·오프라인을 넘나들면서 다양한 분야의 교류가 거대한 세계적 연결망 속에서 이루어지기 때문에 국제협력의 필요성은 두 번 강조해도 지나치지 않다.

한국 전쟁 이후, 1950년대 국가의 GDP가 에티오피아보다 낮았던 우리나라는 반세기가 지나서 세계 10대 경제 강국이 되었다. 최근에는 소프트파워의 힘으로 특히 문화예술 영역에 크고 작은 영향력을 주기 시작했다. 그런데 오늘날 국제질서는 한 치 앞도 예측할 수 없을 정도로 변화무쌍한 곡선을 그리고 있다. 러시아와 우크라이나 전쟁이 우리의 외환시장부터 장바구니 물가까지 영향을 미치고 있다. 아울러 세계의 평화와 지속가능한 협력을 부르짖는 이면에는 많은 주권국가가 치열한 기술경쟁의 각축전을 벌이고 있다. 문화비평가 마샬 맥루한이 말한 '지구촌'을 넘어서 이제는 일상의 모든 자원이 'Made in the World'라는 표어로 탄생하고 있을 만큼 세계의 거대한 연결성과 상호작용성은 더욱 커지고 있다.

그야말로 광활하고 복잡한 국제개발협력의 무대가 활짝 열렸다. 이 책은 인문사회, 과학기술, 보건의료, 산업통상 등 다양한 영역에서 국제협력 플레이어가 되고자 하는 청년, 기업인, 공무원, 시민사회 활동가에게 스스로 준비되었는지를 질문한다. 물론, 준비 없이 불나방처럼 뛰어들 수도 있다. 우리는 실패를 통해서 배울 수 있기 때문이다. 그러나 개인의 실패나 부끄러움 수준이 아니라, 당신이 조직, 기관, 단체의 일원이자, 국가 대표단의 일원으로서 국제협력 활동에 참여할 때 '실전 역량을 갖추지 않고' 부딪힌다면 무능력과 실패는 모두의 몫이 된다. 준비 없이 참여할 수 있겠지만, 핵심은 역량을 갖추기 위해서 부단히 노력하는 것이다.

얕은 호기심으로만 국제협력 분야에 입성하는 것이 아니라, 스스로에게 진지하게 질문하기 바란다. 국제협력 사업은 막힘없이 쭉 뻗은 고속도로 위에서 펼쳐지는 것이 아니라, 언제든 예측할 수 없는 비포장도로가 나오는 분야이기 때문이다.

'당신은 어떤 커리어를 향해서 나아가는가? 어떤 가치를 소중하게 여기는가?' 우리 마음 깊숙한 곳에서 나오는 사랑, 열정, 소속감 같은 개념은 GDP에 잡히지 않는다. 일의 세계에서 우리가 가지는 자존감, 이타주의, 사명감 역시 고용 지표로 직접 연결되거나 투사되지 않는다.[1] 거대한 국제사회의 공존과 번영에 조금이라도 기여하는 길 위에서 자신을 소외시키지 않고, 지치지 않기 위해서 이 같은 질문은 매우 중요하다.

그래서 결론이다. 지금까지 이 책은 다양한 국제개발협력의 사업, 프로그램, 협의채널, 모니터링 협의체에 참여하는 데 있어서, 우리 개인들이 역

---

1 리처드 왓슨. (2017). 인공지능 시대가 두려운 사람들에게 미래에 우리는 어떻게 살고 사랑하고 생각할 것인가. 방진이 역. 서울: 원더박스.

량을 키우기 위해서 어떻게 스스로 임파워먼트(self empowerment)를 할 것인가에 대한 기초 역량과 다양한 방법론을 제시하였다. 지금 당장 부족한 지식을 채우기 위해서 대학, 대학원을 가거나, 부족한 전문성을 보충하기 위해서 학위과정을 밟는 제도주의적 방법을 말하는 것이 아니다. 인간은 언제나 일상에서 배우는 존재이다. 이 책은 학습하는 존재로서 우리의 힘을 전제하고 있다. 이 책에서는 매일 공부하고 관련 분야의 지식, 가치, 태도, 기술의 힘을 키우기 위해서 어떤 사고를 하고, 어떠한 태도를 가지며, 어떻게 실천해야 하는지를 다양하게 보여주었다. 누구나 결심은 쉽게 한다. 또한 누구나 성장하려는 의지가 있다. 문제는 어떻게, 얼마나, 제대로 역량을 키우기 위해서 일상에서 나를 단련시키며 실천하는가이다.

우리는 아직 무지하다. 아직 완성되지 않았다. 그래서 공부하고 배워야 한다. 국제사회의 정세와 지형은 더욱 복잡해지고 있다. 뛰어나고 잘난 개인들이 소수자를 따돌리며 독주하던 시대는 저물어간다. '나'의 성공과 '너'의 가난이 무섭도록 촘촘하게 연결된 사회를 살아가고 있다. 그렇기에 오늘날 국제사회는 '지속가능성'을 외치는 것이다. 글로벌 엘리트 그룹이 주도하던 개발협력의 시대를 닫고 지성과 연대의 힘을 가진 '우리'가 만들어가는 시대, 국제개발협력의 무대를 여러분이 당당하게 열어가야 할 것이다.

김진희

김진희는 교육학자로서 세계 70여 개 국가를 다니며 학술 강연, 현장 연구, 평가컨설팅 정책 자문, 교육컨설팅을 수행해왔다. 제70차 유엔(UN) 총회의 SDG 교육의제에 관한 한국 정부의 정책자문관을 비롯하여, 정부 채널로 개최되는 다자간 국제회의, 국제기구의 자문 회의에서 교육전문가로 활약하고 있으며, 정부, 대학, 시민단체가 수행하는 국제교육개발협력 실천 현장을 분석해왔다. 그동안 국제이주와 교육학이 교차하는 이론 연구와 실천 지형에 관심을 가지면서 다문화교육, 세계시민교육, 국제개발협력 연구에 매진해왔다.

이화여대 사회교육과를 졸업하고, 서울대학교 교육학과에서 석사학위를 받고, 동 대학원에서 박사과정을 수료하였다. 이후 영국 University of Surrey에서 「Border Crossing on Migrant Workers' Lifelong Learning」으로 박사학위를 받고 단과대 최우수 박사논문상을 수상한 바 있다. 호주 연방정부의 신진 학자상(Endeavour Awards)을 수상해서 University of Technology Sydney의 기금교수로 재직하였고 남아프리카공화국 Free State University의 특임교수로 활동했으며, 현재 한국교육개발원 연구위원으로 재직하고 있다. 안식년 동안 일본학술진흥회(JSPS)가 주관하는 우수학자상을 수상하여 규슈대학교 방문교수를 역임하고, 이탈리아 베로나대학교에서 활동하면서 다양한 교육세계를 경험하였다. 저서로는 「Transnational Migration and Lifelong Learning」, 「다문화교육과 평생교육」, 「글로벌시대의 세계시민교육」, 「다문화교육과 세계시민교육의 이론과 쟁점」, 「교육자를 위한 다문화교육과 세계시민교육 방법론」 등 58권의 논저가 있다.

국제협력 전문가를 위한 역량강화 비법노트

초판발행 2023년 1월 7일

지은이 김진희
펴낸이 노 현

편 집 이아름
표지디자인 이소연
제 작 고철민·조영환

펴낸곳 ㈜ 피와이메이트
서울특별시 금천구 가산디지털2로 53, 210호(가산동, 한라시그마밸리)
등록 2014. 2. 12. 제2018-000080호
전 화 02)733-6771
f a x 02)736-4818
e-mail pys@pybook.co.kr
homepage www.pybook.co.kr
ISBN 979-11-6519-338-6 93370

정 가 20,000원

박영스토리는 박영사와 함께하는 브랜드입니다.